甲冑なき戦闘、流血なき戦争。
人間の知性の精緻きわまりない浪費。
それは広告業界以外の場所では、
まずお目にかかれない種類のものだ。

『ロング・グッドバイ』レイモンド・チャンドラー著、村上春樹訳
（早川書房、２０１０年）

広告がなくなる日

まえがき

この本は出版できません会議

牧野さん、ちょっと事務所に来てもらえませんか、という何やら不穏な連絡をもらったのは、執筆活動も終盤に差し掛かった二月中旬でした。

急ぎつつも恐る恐る、出版元である「クロスメディア・パブリッシング」のオフィスへと向かいました。代表・小早川さんと編集担当・高橋さんがすでに会議室に待ち構えており「申し訳ないのですが」という前置きのあと「このままではこの本は出せそうにありません」と面と向かって言われることとなりました。

ただ、話を聞くまでもなくその理由は僕にもわかっていて、それは「本の内容」に対する指摘というよりも、僕が提案していた「本の仕掛け」に対する回答でした。僕はこの本を使った二つの「仕掛け」に挑戦したいと打診させてもらっていたところだったのです。

もともと、僕の仕事は「本を書く」ことではありません。学術的に広告を研究をしているわけでもありません。広告業界の現場で、できる限り「意味」のある「コミュニケーション」を考えて実行する、「広告クリエイティブ」を生業にしています。

クライアントの抱える課題や、社会の問題に対して、それを「解決しうるアイデア」を考案し、企画にし、実現する。できる限り本質をとらえたコンセプトを練り、言葉にし、デザインをする。社会を前に進めるビジョンを考え、それを体現するアクションを実装する。

しかける、たくらむ、くわだてる。当たり前、ルール、常識、慣習、しがらみといった「過去」から逸脱し、新しい道を開拓する。(できているかどうかはさておき)そういうことに挑戦していく仕事です。

だから初めて出版するこの自分の本には、どこかしらにその「エッセンス」を注入し自分の仕事を体現しなければいけないと考えていました。というよりも、「何かを仕掛けないわけにはいかない」というただの天邪鬼(あまのじゃく)な精神だとも言えます。

そういうわけで、本を書いているうちに「こんなこともしてみたい」という、いくつかのアイデアが生まれ、まずはその中から二つを実行することにしました。

仕掛け①
「縦開きの本」

一つは、印刷の向きを変え「縦開き」にするというものです。この本は写真のような不思議な構造でつくられています(今となっては「つくるつもりでした」ということですが)。この「まえがき」が終わるところから、本の「印刷する向き(書く向き)」を変えて、「縦開きの本」というものにしています。

形状そのものは「普通の本」と変わりはありません。ただ「印刷する方向」を変えているだけです。それだけでも、人が受ける印象や、読書の体験・行動のあり方は大きく変わってくるだろうと思います。

机の上に置き、箱の蓋をあけるような開き方をする。もしカフェでこの本を読んでいる人がいたら、遠くから見てもきっとわかるはずです。本屋の並びでも(良い悪いはあれど)違和感が生まれているだろうと思います。

この形状にしたのはいくつかの理由(本文に書きました)があるわけですが、一番の理由はとにかく「本という成熟した形状にだって、まだ"新しい形"があるのかもしれない」という可能性を模索してみたいという思いです。本の形はどこまでが必然なのだろうか？ 今の形は本当に正しいのか？ 別の可能性は残っていないのだろうか？ そういう「疑い」こそが、アイデアの種のようなものになると考えています。

「でも、それだとやっぱり読みづらいし、読者だって戸惑ってしまうと思うのです」と出版社の小早川さんから指摘をいただきました。それはもちろん、至極真っ当な指摘です……。

二時間ほど議論をした結果として、この「冒頭」が生まれました。ここにこのような説明・経緯を書きつつも、読者の方が開いた時はまず通常の「横開き」の本として読んでもらい、途中から「縦開き」に変えるということで承諾をもらいました。

本は「横開き」が「当たり前」です。ページのめくりやすさの観点だけでも合理的だし、長い歴史のなかでその形状に落ち着いたことへの理解と敬意はあるつもりです。でもまずは、それがどんなものであれ、「当たり前」も疑ってみることが必要だと考えています。

今、誰もが「当たり前」だと思っている多くのことは100年前は当たり前ではなかったはずです。ルールも慣習も伝統も、時代のどこかで必ずアップデートされていきます。そうやって、少しずつですが、より良い社会が構築され、人々は前へと進んできたのだと思います。現状を疑い、脱線し、常に新しい道を開拓する。少しでも今より良い未来を希求し続ける。広告クリエイティブの仕事は、そういうものに挑戦する仕事でもあります。

そんなわけで、この本は基本的に「縦開き」という構造になりました。読みづらい人は……ごめんなさい。でもそんな、ちょっと不便な新しさを楽しんでいただけたら幸いです。

仕掛け②
「本屋さんで買ってください」

もう一つの「仕掛け」は、「本屋」でしか売らない、という選択です。それはつまりAmazonのようなネット販売を基本的にはしないということです。"基本的に"というエクスキューズをいれたのは、既存の流通の仕組み上、ネット書店を含むすべての書店が仕入れをして在庫を持つことができるからです。

しかし、そういった「どうしても流れてしまう」ケース以外は、電子書籍も含めて発売をしないでほしいということを出版社に伝えました。これまた迷惑をかけているし、売上は下がってしまうかもしれません。

それでも今回、この施策をやろうと思ったのは、僕自身が「本屋という場所が好きだから」という、とても自己中心的な理由からです。

僕は大学時代に、社会や学校とうまく馴染めず、悩み苦しんでいる時期がありました。自分には価値がなく、自分の人生には意味がないのだと信じていました。そんな時に、自分を世界に引き止めてくれていたのが「本」であり、居場所をくれたのが「本屋」でした。

現在(2021年3月)、新型コロナウイルスの影響もあり、多くの街の本屋さんも大変な局面にあると想像します。しかしこの本が発売される頃には「緊急事態宣言」もあけ、春を迎え、街にも少しずつ活気が戻ってきているはずです。

そのタイミングで、どうかあなたの「街の本屋」を訪れて、できることならこの本を買ってもらいたい。本屋に並んでいる他の本を手にとって、触れてみてもらいたい。散歩がてらに書店に足を運んでもらい、そこに流れるオリジナルの世界観を楽しんでもらいたい。そういう思いからこの提案をしました。

これは同時に、「便利さ」へのカウンターでもあります。資本主義や効率主義、成長主義へのアンチテーゼでもあります。この数十年、社会は「便利」や「効率」や「成長」を追い求めてきたのだと思います。その結果、社会は物質的に豊かになり、便利になりました。家にいてもボタン一つ押せば、次の日には本を含むあらゆるものが手元に届く、そういう「便利な暮らし」です。それはとても素晴らしいことなのですが、そこに依存しすぎた結果、人の幸せや心の平穏に必要な「何か」が抜け落ちてしまっていると感じることもあります。

その「何か」とは、例えば「本屋に歩いて行ってみる」というようなことです。たくさんの知らない本に触れ、紙の匂いに包まれて、膨大な文化と歴史に触れるというようなことです。その「何か」とは、感覚的で情緒的で「人間的」な「何か」です。

便利さを追求し、物質的豊かさを達成した社会において、人々がどこか不自由に見えるのは、その「何か」が足りていないからだとよく考えます。この本の中では、その「何か」を、「文化」と呼んだり「アーツ」と呼んだりしています。

本屋という空間には、その「何か」があると確信しています。だから「不便」かもしれないけれど、「本屋だけで販売する」という選択をさせてもらいました。どうかその「不便」を楽しんでもらえたら幸いです。

ここまで書いてきた二つの仕掛けは「不便」が一つのキーワードになっています。「縦開き」も普通の本とは違うので戸惑いや気持ち悪さを感じることもあるかと想像します。Amazonで買えないことに憤りを感じる人もいるかもしれません。でも時に、そういった不便や不合理な選択をすることが、人間的な「何か」を取り戻すきっかけになりうるのではないか。そんな微かな希望を抱いています。

最終的に、これらの我がままな仕掛けを許容し、背中を押してくださったクロスメディア・パブリッシングの小早川さん、高橋さんにはとても大きな感謝をしていますし、新しいことを喜び、楽しんでくる姿勢に敬意を抱いています。この本がうまくいき、世の中が落ち着きましたら、ゆっくり飲みにでも行きたいです(ここに書くことでもないですが)。

というわけで、「この本は出版できません会議」を経て、なんとか世に出ることになりました。不思議な「まえがき」となってしまいすみません。正直、本を書くということに関してはめっきり素人であり、不慣れなところも多いですが、最後までお付き合いいただけたらうれしいです。

株式会社DE
牧野圭太

というわけで、ここから「縦開き」になります。本の向きを変えて楽しんでもらえたら幸いです。

はじめに

「広告」という、異様な世界の現場から。

はじめまして、DE(ディーイー)の牧野です。最初から言い訳がましくなるのですが、自分は研究者でもなければ、本を書くことを専門にしているわけでもありません。ましてや「偉大なクリエイティブディレクター」というわけでもありません。この本は、広告業界で12年ほど泥臭く仕事をし、その現場で感じ続けてきたことを書き綴ったものです。何もわからず飛び込んだ広告業界は、とても閉鎖的でどこか異様な世界だと感じていました。ある種の巨大なブラックボックスであり、「本当に意味のある仕事なのか」と自問自答する日々が今も続いています。それがこの本を書こうと思い立った動機です。「広告がなくなる日」という悲観的に思えるタイトルがついていますが、広告という仕事がより良いものになり、携わる人たちの希望に少しでもなれるよう、書き進めていきます。

note
投稿
「広告」がなくなる日。
「広告」がなくなる日。
851

「広告がなくなる日」は、「広告がより良い未来に貢献する日」。

広告業界で働き始めてから、ちょうど12年が経ちましたが「広告がなくなる日」のことをいつも夢想しています。広告は、基本的には「コスト」にあたります。プロダクトやサービスが生み出す本業の「生産」とは違います。残念ながら、広告が社会のより良い成長に貢献することは稀なのだと、現場をみて日々痛感しています。「広告なしで売れるなら広告をするか」という問いに「やる」と答える人はほぼいないでしょう。テレビを観ていて、率先して「広告を観る人」はかなり珍しいタイプです。つまり、「なければないに越したことはない」。広告とはそんな類の仕事です。さらに言えば、もしかしたら「売る必要のないもの」を見せかけで売るようなEvilな仕事になりかねません。しかし同時に、「広告制作にまつわる思考や技術」はとても貴重で可能性あるものです。その力を、より良い未来をつくることに使えたら、社会にはびこる課題の解決に使えたなら。きっと社会全体が良い方向に向かうだろうと確信しています。

序章

世界を変えた一人の少女

「広告がなくなる日」という言葉は2016年に書いたブログのタイトルでした。軽い気持ちで書いたのですがNewsPicksに転載され3000picksを超える反響がありました。自分が想像していた以上に、多くの人が「広告の未来」に興味をもっていることを知り、「いつかこのテーマでもっと書いてみたい」とTwitterにつぶやいたところ、クロスメディア・パブリッシングの高橋さんにお声がけいただきました。締め切りを何度も伸ばしてもらいながらも、なんとか世に出ることができたのは、高橋さんのおかげです……。

Fearless girl

ウォール街に降りたった「恐れを知らない少女」。

もともと、「広告がなくなる日」という言葉を思いついたのは、ある一人の少女がきっかけでした。その少女は、2017年3月7日、世界の金融の中心地とも言われるアメリカ・ウォール街に舞い降りました。金融界の強さの象徴である巨大な雄牛の銅像「チャージング・ブル」に立ち向かうように、胸を張り、手を腰にそえ、眼差しはまっすぐ牛に向けられています。彼女は「フィアレスガール(恐れを知らない少女)」と呼ばれました。街は騒然となり、瞬く間にニュースとなって広がり、多くの人々が彼女に会いに訪れては、傍に立ち、同じように胸を張って、SNSに投稿する。それらを通じて、爆発的に世界中へと拡散されていきました。その波は日本までも届き、多くの人々が彼女との写真をInstagramへと投稿し、僕もそれを目にすることになったのです。

Photo: Anadolu Agency / getty images

世界中から人々が訪れては彼女と写真を撮り拡散した。

「腰に手を当て胸を張る」というみんなが「真似をしたくなるポージング」は、SNSに投稿するように働きかけている。大胆な発想から、緻密なクラフトまですべてが鮮やかで、これほど低コストで、これほど大きな効果を産んだコミュニケーションは、長い広告コミュニケーションの歴史の中でもきっと類を見ないものです。SNS社会ならではの新しい広告の形だと痛感しました。

ただの「バズ」ではなく、社会を前進させた「現象」に。

フィアレスガールは、「ビジネス社会における女性の地位向上」を訴えるプロジェクトとして、2017年の「国際女性デー」の前日に設置されたものでした。広告主は資産運用会社「ステート・ストリート・グローバル・アドバイザーズ（SSGA）」。独自の調査により「経営者やリーダーに女性がいる企業の方が長期的な価値を創造できること」を知っていたが、実際には「企業の女性役員」はまだまだ少ない。その「社会課題」に焦点をあてるべく、企画されたものでした。期間限定だったはずが、世界中からのラブコールを受け2年近くも延長、カンヌライオンズを筆頭に世界の広告賞を総なめにしました。2年後にはSSGAの投資先からだけでも新たに301人の女性役員が誕生したそうです。現在はニューヨーク証券取引所前へと移設され、今も多くの人々に勇気を与える存在になっています。

Photo: Anadolu Agency / getty images
参考：301人の女性が新たに取締役に。"Fearless Girl"仕掛け人は訴える「くじけそうになったら足元を見て」
https://www.huffingtonpost.jp/2018/12/16/fearless-girl-devika-interview_a_23619837/

ゴールドマン・サックスが女性役員のいない企業の上場支援をしないことを発表。

ゴールドマン・サックスのCEOは2020年1月のダボス会議（世界経済フォーラムの年次総会）で、「女性など、多様な取締役メンバーがいない企業については、そのIPO（新規株式公開）の主幹事を引き受けない」と宣言して大きな反響を呼びました。

それは「ミーニングフル」なものか、「意味」があるだろうか。

フィアレスガールは、SNSインフラがもつ「拡散の威力」と、「社会的意味」のあるコミュニケーションの可能性を証明しました。2020年には、ゴールドマン・サックスが「女性役員のいない企業の上場支援をしない」という発表をするなど、「社会の変化」をフィアレスガールという“広告”が加速させたことは間違いありません。同時に、ビジネスにおける男女の不均衡という社会課題を啓蒙しただけでなく、「広告のあり方」にも大きな影響を及ぼしてしまいました。これ以降、世界の広告賞では以前にも増して「ブランドパーパス」「ミーニングフル」という言葉が飛び交い「その広告は社会的に、本質的に、“意味”があったのか」という点がより評価されるようになったのです。その一人の少女は、世界を前へと進め、僕自身の生き方にも大きな影響を与えてくれました。

参考：ゴールドマン・サックスが女性役員のいない企業の上場支援をしないワケ
https://president.jp/articles/-/39664

SUSTAINABLE DEVELOPMENT GOALS
1 貧困をなくそう
2 飢餓をゼロに
3 すべての人に健康と福祉を
4 質の高い教育をみんなに
5 ジェンダー平等を実現しよう
6 安全な水とトイレを世界中に
7 エネルギーをみんなにそしてクリーンに
8 働きがいも経済成長も
9 産業と技術革新の基盤をつくろう
10 人や国の不平等をなくそう
11 住み続けられるまちづくりを
12 つくる責任つかう責任
13 気候変動に具体的な対策を
14 海の豊かさを守ろう
15 陸の豊かさも守ろう
16 平和と公正をすべての人に
17 パートナーシップで目標を達成しよう

広告は、「企業の問題解決」から、「社会の課題解決」へ。

日本でもSDGs(持続可能な開発目標)への企業アクションが求められており、広告も例外ではありません。しかしまだまだ本質的な解決に結びついておらず「言葉だけ」「形だけ」と言われてしまう状態です。しかし本来、「より良い社会」のために「広告が果たすべき役割」はとても大きいはずです。広告は、フィアレスガールがそれを体現したように、「社会の課題」を拾い上げ、ユーモアをもって広く伝達できる可能性を秘めている仕事です。「企業の問題」の解決だけでなく、「社会の課題」の解決に、その力を使っていくことができたなら。そして、それが決して「自己満足のCSR」や、「SDGsウォッシュ」と呼ばれるような「嘘」ではなく、本質的なアクションとなり、企業のブランドを高めることに寄与できたなら。広告という仕事は、もっと意味があり、価値があり、愛される仕事になっていくだろうと思うのです。

第一章

自己紹介とクリエイションについて

改めて、牧野圭太と申します。2009年に博報堂に入社しコピーライターに配属されました。もともと大学院までは理系のコンピュータ専攻だったので、自分が「クリエイティブ局」に配属されたことは晴天の霹靂に近いものでした。その分、客観的に「広告クリエイティブ」の仕事を眺めることができたのか、広告業界のいびつな構造に違和感を持つと同時に、その可能性を信じて独立をしました。2015年に博報堂を退職し、エードット(現Birdman)という広告ベンチャーを経て、2021年1月にDEという会社をスタートしています。

DE

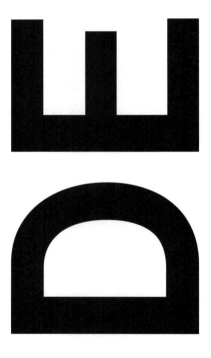

古き慣習、悪しき伝統、固定化されたルールから「脱する」こと。

「DE」はDECONSTRUCTION(脱構築) / DERAILMENT(脱線) / DETACHMENT(脱離)というような英語の接頭辞の「脱」という意味から取っています(一番わかりやすいのは「デカフェ」かもしれません)。私たちが生きるこの令和という時代は、様々なことから「脱する」ことが求められているように思います。古き慣習、悪しき伝統、「当たり前だ」と疑わなかった固定化されたルール。それらから脱却し、逸脱し、新しい道を開拓することが求められています。行き過ぎた資本主義、限界を迎えた経済成長といった大きなストーリーからも脱却する必要がありそうです。我々の仕事は、アイデア、デザイン、ワーディング、エンジニアリング、そういった「クリエイション」を通じて、人々や企業、あらゆる組織が「脱する」ことを後押しし、新しい道を舗装していくようなものだと捉えています。

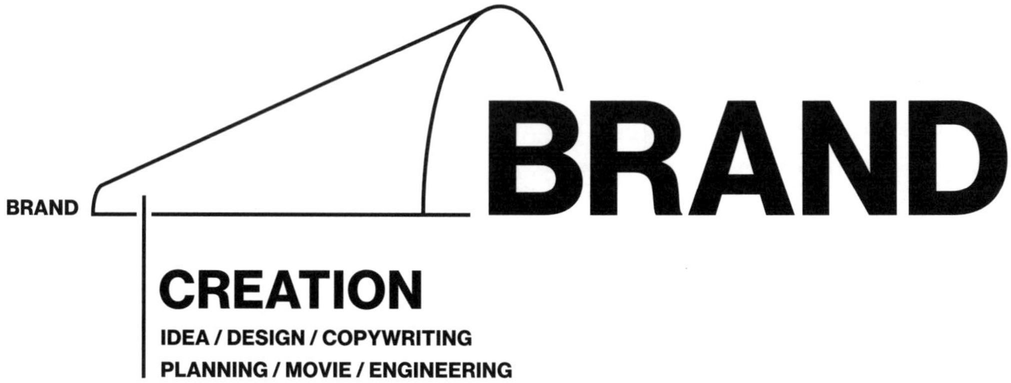
BRAND
BRAND
CREATION
IDEA / DESIGN / COPYWRITING
PLANNING / MOVIE / ENGINEERING

「クリエイション」を通じて、ブランドの開発、成長に貢献する。

我々の仕事は、一言にすれば「クリエイション」と呼ばれるものです。例えば、アイデアやデザイン、コピーライティング、アートディレクション。そういったクリエイションにまつわる「思考と技術」を通じて、様々なブランドの開発/もしくはブランドの成長に寄与することを目指しています。困難に思える局面を打破する「アイデア」。組織の向かう先をしめす「ビジョン」。拡散力を格段に高める言葉や「ネーミング」。美意識を追求した「ロゴデザイン」。オリジナルな世界観を宿す「アートディレクション」。私たちの仕事は、そういった「無形」だけれど、きっと「意味がある」だろう物事を追求し、提供することです。この「広告クリエイティブ」という領域は、「ビジネス」と「クリエイション」の融合を目指す特殊な仕事であり、まだまだ大きな可能性を秘めているという確信があります。この本は、それらを啓蒙するための本でもあります。

SNS

2021

メディア産業

テレビCMや新聞紙面などの「媒体=メディア」を購入し
そこに付加価値としての「制作物」をつけて販売するビジネス

クリエイティブ産業

メディアを販売することを目的とせず
いかに優れたクリエイションを生み出せるかに注力する産業へ
それにより組織・サービスの価値をいかに高められるか

SNSは、メディアビジネスから、「広告クリエイティブ」を解放した。

僕がこの仕事を始めたのが2009年、日本でもTwitterが流行し始めた頃でした。SNSの成長を横目に眺めながら仕事をしてきた世代です。それはつまり「メディアビジネス」から「広告クリエイティブ」が解放された世代でもあります。これまでの「広告産業」は「メディアビジネス」が基本でした。つまりTVや新聞といった「媒体」を購入し、そこに「制作物」を載せるものでした。もともと「代理店」という言葉は「メディアの代理」から始まったという歴史もあります。しかし、SNSという「インフラ」が確立され「意味あるものは自発的に拡散される社会」になりました。良いプロダクトやサービスは口コミで拡散するし、CMのような広告でさえも面白いものはみんなが勝手に広めてくれます。今、「メディア産業」から「クリエイティブ産業」へという大きな転換期にあります。それは同時に、大企業でなくとも中小企業やベンチャーなど「多大な広告予算」がなくても戦えるような世の中になったのだとも言えます。

SOCIAL“ATTACHMENT”

組織やブランドと「社会のつながり」「社会接地」を生み出すこと

Social Issue

多様化し顕在化する「社会課題」に対し
組織が何をし、どう結びついていくか

Social Network

SNSインフラの中でファンといかにつながり
UGC(User Generated Contents)を生み出せるか

ブランドと社会のどこに「接地点」をつくるか。

我々の仕事のテーマの一つは「ソーシャルアタッチメント(接地)」です。言い換えると、「ブランドと社会を接地させる」ことです。この数年で「ソーシャル」という言葉の持つ意味が大きく変わったと認識しています。その要因は「ソーシャルイシュー」の顕在化と、「ソーシャルネットワーク」の確立の二つです。前者に関しては、地球温暖化を筆頭にした環境問題や、SDGsと呼ばれるような社会課題(ソーシャルイシュー)へのコミットメントの高まりなどです。同時に、SNSインフラが整ったことで、これまで埋もれてしまっていたマイノリティの声が届きやすくなったいうことがあります。いかにして、複雑に絡み合った「社会文脈」や課題と、ブランドとの「接地点」をつくれるか。そして、その接地が、強く鮮やかで意味のあるものか。その追求こそが、この仕事の価値であり、醍醐味でもあるのだと感じています。

進化する → 文化する

進化も文化も、どちらも「化ける」という言葉がついていますが、文化というものは、古くからあり固定されたもののイメージがあります。しかし、「進化する」という動詞があるように、「文化する」という動詞として活用されることも大事ではないか、と考えて「文化する」という言葉を使っています。

「文明」から、「文化」へ。「進化する」から、「文化する」社会へ。

「文化する」という言葉はあまり使われるものではなく、「進化する」の対義語として勝手に使っている造語です。ここで言う「進化」とは「経済的な発展」や「技術的な進歩」や「物質的な成長」といった「狭義の進化」を指しています。それは疑う余地もなく、社会を豊かにしてきた大切なものです。その対にある「文化」とは、「人をより人らしくするもの」だと定義しています。具体的に言えば、文学であり、音楽であり、料理であり、アートであり、スポーツであり、旅であり、宗教などがそれに当たるのだと思います。文化は、人の精神を癒し、高揚させ、成長させてくれるものです。また、テクノロジーなどの「進化」は「物理的」に人を救い、豊かにしますが、文学のような「文化」は「精神的」に人を救い、豊かにしてくれるものです。物理的に豊かになったこの社会で、どこか生きづらさを感じるのは「文化」の欠如が原因ではないか。これから先の「文化していく社会」に貢献する仕事をしていきたいと思うのです。

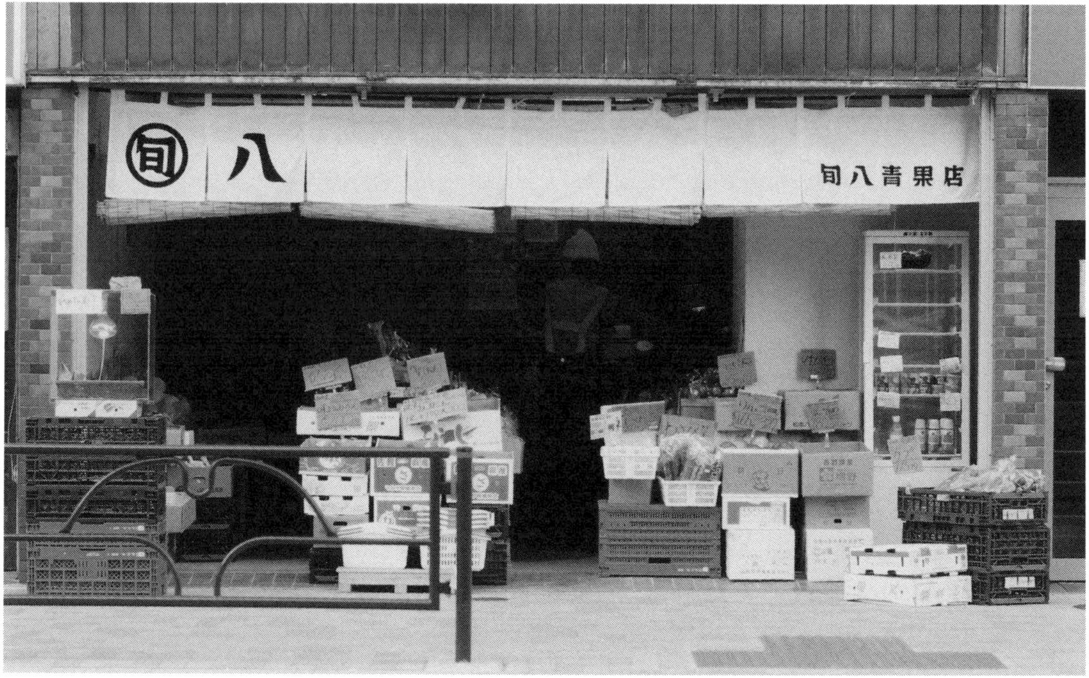
旬八青果店

#自社の仕事紹介

八百屋という「青果の専門店」を東京につくりたい／旬八

2013年に、アグリゲート代表・左今さんと旬八青果店という八百屋をつくりました(経営・運営はアグリゲート)。DEの柴田と、ネーミング、ロゴデザイン、アートディレクション、ポスター制作などを併走し、かれこれ7年ほど行っています。立ち上げは小さな1店舗から、今は都内に8店舗ほどを構え、街に溶け込む八百屋となりました。八百屋は「青果の専門店」です。コンビニやスーパーでも青果は買えますが、その多くの店員さんは「青果のスペシャリスト」ではありません。旬八では全ての仕入れを自分たちで行っているので様々な青果に関するコミュニケーションが行えます。「今日は柑橘類が旬で食べごろですよ」「これは冷蔵庫で冷やしたほうがおいしいです」「こんな調理の仕方もありますよ」……そんな声が聞こえる八百屋という文化の残る街になることを願い「旬八青果店」という名前をつけています。

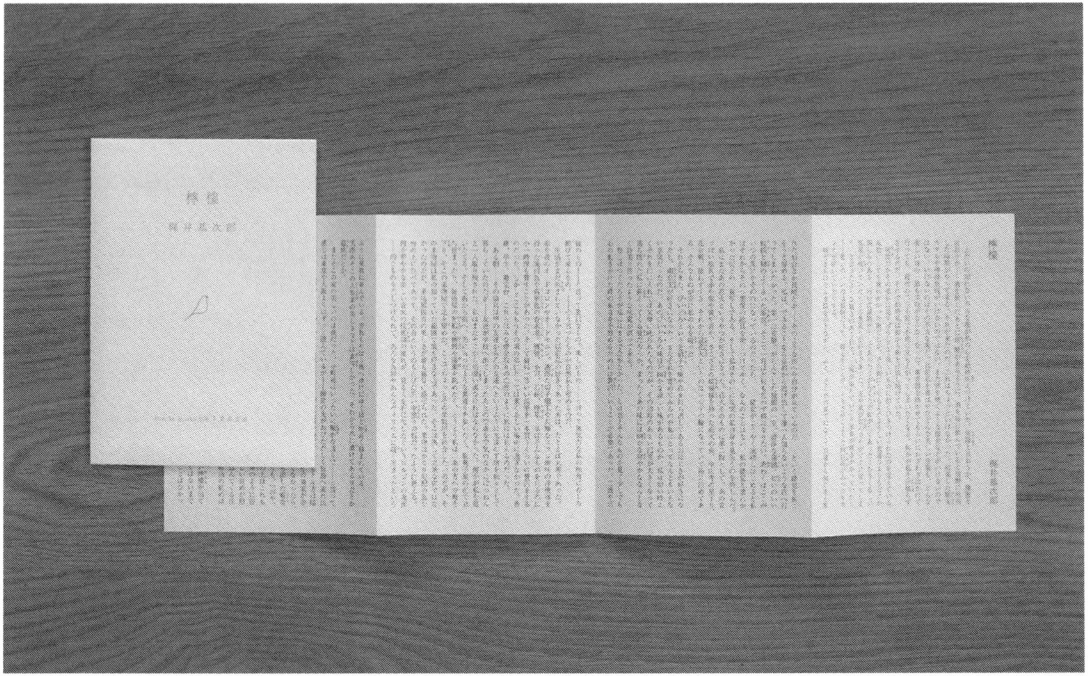
檸檬
梶井基次郎

#自社の仕事紹介

掌に文学を。16ページ以内の文学／文鳥文庫

2015年に、文鳥文庫という書籍をつくりました。これは「16ページ以内の文学だけ」を収めた文庫です。写真のように「蛇腹型の1枚の紙」に印刷し、ポストカードのような形状で販売しています。もともとは「『走れメロス』というタイトルのついた“本”に、関係ない短編がたくさん入っている」という構造に違和感を持っていました。「デザインとして間違っている」のではないかと思い、そのタイトルとしてバラ売りできないかと考えたのが始まりです。また、この忙しない社会で、かつSNSのような短い文章に慣れてしまい、一冊の長編を読み切るのは、とても骨の折れる作業です。しかし「時の洗礼」をこえた文学の偉大さは計り知れず、短くも深く、あまりに美しい文学作品は世の中にたくさんあります。芥川龍之介の多くの作品、梶井基次郎の『檸檬』、太宰治の『走れメロス』も、実は16ページ以内に収まる作品です。代官山蔦屋書店からはじまり、全国の独立系書店を中心に販売させてもらっています。

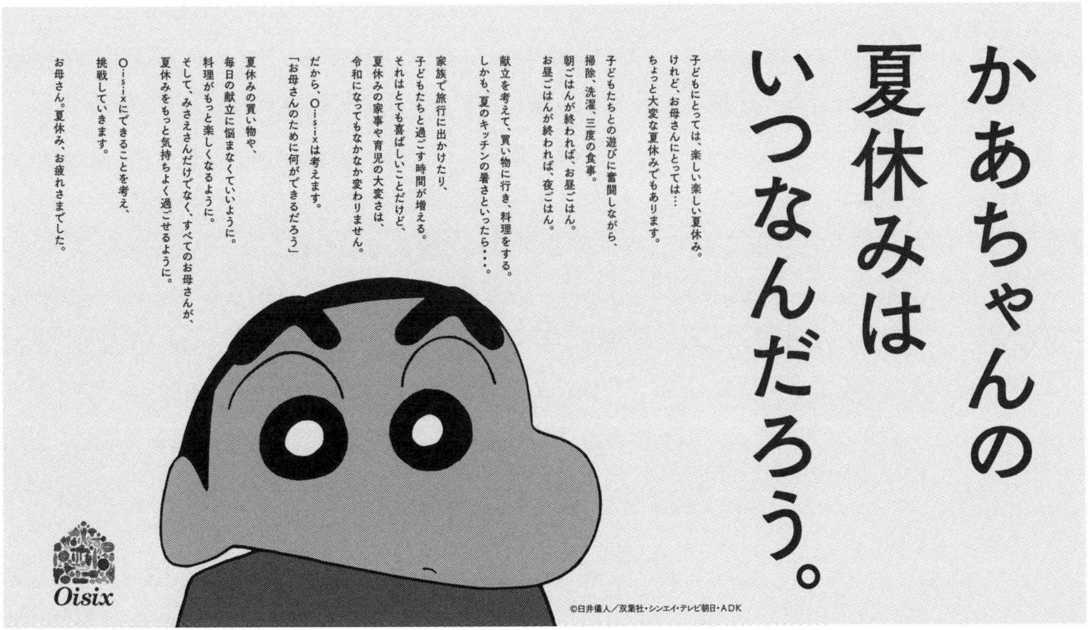
かあちゃんの
夏休みは
いつなんだろう。
子どもにとっては、楽しい楽しい夏休み。
けれど、お母さんにとっては…
ちょっと大変な夏休みでもあります。
子どもたちとの遊びに奮闘しながら、
掃除、洗濯、三度の食事。
朝ごはんが終われば、お昼ごはん。
お昼ごはんが終われば、夜ごはん。
献立を考えて、買い物に行き、料理をする。
しかも、夏のキッチンの暑さといったら・・・。
家族で旅行に出かけたり、
子どもたちと過ごす時間が増える。
それはとても喜ばしいことだけど、
夏休みの家事や育児の大変さは、
令和になってもなかなか変わりません。
だから、Oisixは考えます。
「お母さんのために何ができるだろう」
夏休みの買い物や、
毎日の献立に悩まなくていいように。
料理がもっと楽しくなるように。
そして、みさえさんだけでなく、すべてのお母さんが、
夏休みをもっと気持ちよく過ごせるように。
Oisixにできることを考え、
挑戦していきます。
お母さん。夏休み、お疲れさまでした。
Oisix
©臼井儀人／双葉社・シンエイ・テレビ朝日・ADK

#自社の仕事紹介

「クレヨンしんちゃん」とコラボ。お母さんを応援する広告／Oisix

2019年の夏休みの終わりに、Oisixの「クレヨンしんちゃん」広告を制作しました。まだまだ忙しい日本のお母さん。「夏休み」は子供たちが「家にいる」ため、さらに忙しくなってしまう……。そんな課題(インサイト)の顕在化を目的とし、しんちゃんから「かあちゃんの夏休みはいつなんだろう」と疑問を投げかけるというものです。掲載は「春日部駅」1ヶ所のみでしたが、見つけてくれた一人のツイートから拡散され(10万RT)、Twitterトレンドに入り、Yahoo!ニューストップをはじめとしたWEBメディアに掲載、さらにテレビニュースなどへと拡散しました。話題化だけでなく、Oisixの新規顧客獲得や認知度/好意度上昇に貢献するコミュニケーションとなりました。事業を通じて、忙しいお母さんをサポートし続けてきたOisixだからこそ実現できた広告だったと思います。

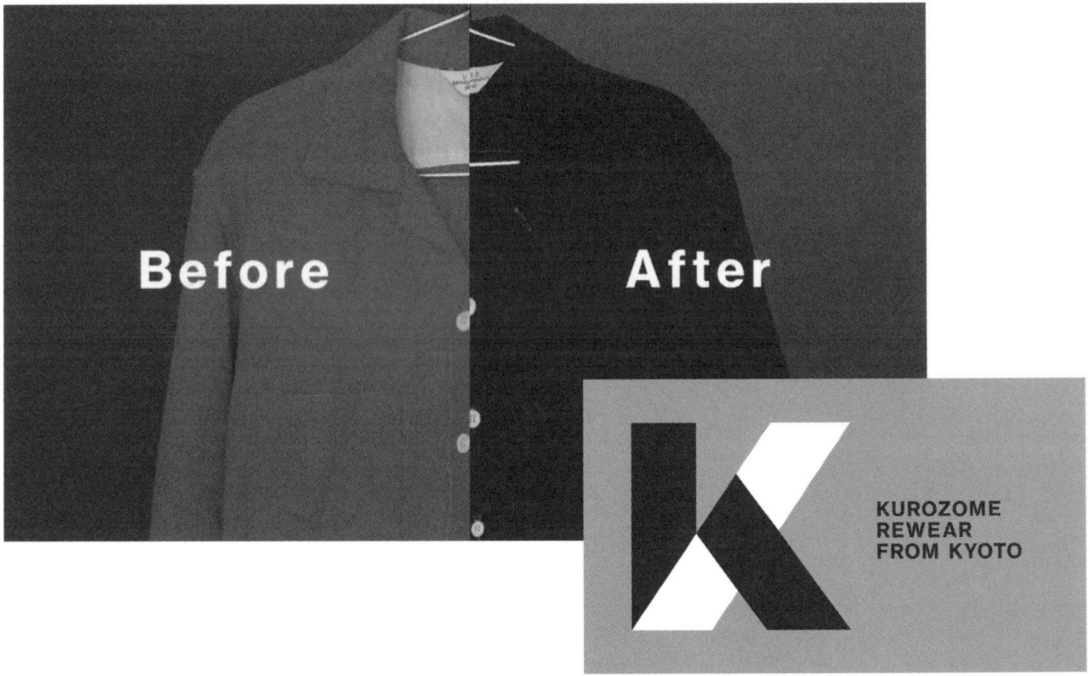
Before
After
KUROZOME
REWEAR
FROM KYOTO

#自社の仕事紹介

京都の伝統技術「黒染め」で服を生まれ変わらせる／京都紋付

黒染めを専門に京都で100年以上続く「京都紋付」とともに、着られなくなった服を「黒に染めて」生まれ変わらせる「K」というサービスを開発しました(2013年に同様のコンセプトで立ち上げたPANDA BLACKのリニューアルです)。ファッション業界は、環境問題と密接に絡んだ業界の一つです。例えば、白いシャツなんかは「少し汚れただけ」で着られなくなってしまうし、色落ちした服は「みっともない」と言われ捨てられてしまいます。そんな「捨てられてしまう服」も、真っ黒に染めてしまえば、生まれ変わるのではないか。そんな思いからスタートしたプロジェクトです。2013年からすでに数万着の服が染められました。日本の「伝統技術」を使って「社会課題にアプローチ」する。そんな試みを、これからもっと広げていきたいと思います。(K=CMY“K” | Kuro | Kyoto からとっています)

SINCE 1954
22年間たくさんのハッピーをありがとう。
Thank you
¥600 SET
営業時間
2F 58席
1F 9席
B1F 27席
全席禁煙
危険物品持込厳禁
NO DANGEROUS GOODS
客席 B1F～2F

#自社の仕事紹介

店頭から、全国への広がり／バーガーキング

DEの岩田がクリエティブディレクターを担当するバーガーキングの仕事です。マクドナルド秋葉原昭和通り店が掲出した閉店を告げる店頭ポスターに呼応するように、2軒隣のバーガーキング秋葉原昭和通り店に店頭ポスターを掲出。マクドナルドのポスターデザインをオマージュし、ライバルへのリスペクトのメッセージとともに、縦読みで隠しメッセージ「私たちの勝チ」という勝利宣言を忍ばせたものです。

SNSで発見してくれた人から拡散し、多くのテレビ番組で紹介されました。店頭の活用なのでメディア費はかかりません。アイデア一つで拡散できること、ニッチメディアから全国へ届くSNSの構造を活用した事例となりました。

第二章

令和時代の「前提」

まだ令和になって二年と少しですが、誰にとっても激動の二年だったのだろうと想像します。新型コロナウイルスの影響があり、オリンピック・パラリンピックは延期され、今も様々な混乱があります。ただでさえ答えのない「VUCA」と呼ばれる時代です。旧来型のビジネスは「成り立たない」もしくは、「意味がない」というようなものになりつつあります。「答え」と「意味」が欠如したこの社会、少し先の未来すら見通せないこの時代に、広告ビジネスはどうあるべきなのか、真剣に考えるタイミングなのだと思います。

VUCA

||

Volatility（不安定さ）/ Uncertainty（不確実性）/
Complexity（複雑性）/ Ambiguity（曖昧性）

課題もなければ、答えもない、そして「意味」のない時代。

この数年で「VUCA」というワードをよく耳にするようになりました。Volatility（不安定さ）/Uncertainty（不確実性）/Complexity（複雑性）/Ambiguity（曖昧性）の頭文字を取った言葉です。実際、「5年後の社会」を予想・予測することは誰にも困難な世の中になりました。「経済成長」という「大きな物語」を失い、「どうやら懸命に働き続けても、人々は幸せになれるわけではない」ことに多くの人が気づき始めています。ある程度の「物理的な豊かさ」を手にし、解決すべき「明快な課題」は見当たりません。よって「答え」らしきものはなく、「向かう先」がどこかわからない社会です。それらにより「意味」が失われたことが、令和という時代の大きなテーマになっているように感じています。生きる意味、働く意味。それらは人々が幸せに生きる上でとても大切なファクターです。ブランドにおける「存在する意味=ブランドパーパス」という言葉の高まりにはそのような前提があるのだと思います。

“21世紀を生きる私たちに課せられた仕事は、過去のノスタルジーに引きずられて終了しつつある「経済成長」というゲームに不毛な延命・蘇生措置を施すことではなく、私たちが到達したこの「高原」をお互いに祝祭しつつ、「新しい活動」を通じて、この世界を「安全で便利で快適な（だけの）世界」から「真に豊かで生きるに値する社会」へと変成させていくことにあります。”

『ビジネスの未来 エコノミーにヒューマニティを取り戻す』山口周著（プレジデント社，2020年）

私たちは今、「成熟の高原」に立っている。

この本を書いている最中、山口周さんの『ビジネスの未来』が発売されました。この本は「ビジネスはすでに歴史的使命を終えている」ことを前提にしています。これまで「物質的な貧困」をなくし、豊かさを追求することが多くのビジネスの役割でしたが、ほとんどがその使命を終えている。悪く言えば「低成長社会」だけれど、見方を変えれば「成熟した社会」であり、私たちは今、「停滞の谷底」ではなく「成熟の高原」に立っているのだ、というような前提です。私たちは「永遠の経済成長」を諦めて、「終焉の許容」がまず求められています。人々の暮らしは物質的に豊かになりました。それなのにどこか「生きづらさ」を感じるのは「真に豊かで生きるに値する文化的社会」の希求へとシフトできていないからです。私たちは今、「成熟の高原」に立っているのだと自覚し、そこでどのような仕事を為していくべきかを考えることを問われています。

ビジネスの延命措置

としての広告産業

↓

より人間らしく幸福に暮らせる社会

のための広告産業

広告やマーケティングは、「古きビジネスの延命措置」。

日本の広告産業は、7兆円ほどあると言われる「巨大産業」です。しかし今、その「必要性」を問い直すタイミングが来ているという危機感を抱いています。前述の書籍でも、マーケティングや広告は「新たに問題を生み出すことで(ビジネスの)ゲーム終了を先延ばしする仕事」という指摘がされています。「スペックや新規性」で勝負できないサービスを、「広告の力」で売ろうとしているのだとしたら、そう思われても仕方がありません。しかしながら、広告という仕事が培ってきた思想や技術は、とても大きな意義と価値のあるものだと感じています。フィアレスガールがそれを実現したように、広告は企業と社会の課題を同時に解決し、社会の前進に貢献できる可能性を秘めた仕事でもあります。「ビジネスの延命措置」の広告から、より人々が人間らしく幸福に暮らせる社会づくりのための広告産業へ。関わる人々の意識を変え、ゲームを変え、より意味のある産業へとシフトしていく必要があるのだと思います。

メディアビジネスの変化

課金型のコンテンツの台頭

Netflix / Amazon / Huluを筆頭に、番組コンテンツも「課金型」となり、広告の入る余地が減っている。嫌われ者の広告が排除されつつある。

Netflix

Amazon Prime

Hulu

SNSインフラの確立

SNSインフラはその勢力を伸ばし続けている。国内だけでも利用者は8000万人を超え、ほとんどの人が何かしらのSNSを利用している。

Twitter

Instagram

YouTube

Facebook

TikTok

SNSインフラの確立と課金型コンテンツの台頭。

TwitterやFacebookが日本で普及し始めたのは2009年頃なので、まだ10年ちょっとです(InstagramやTikTokはもっと短い)。しかしその影響力はとてつもなく大きくなり、ある意味では「マスメディア」に匹敵するものとなりました。以前は「広く届けるため」に、多額の費用で「メディアを購入する」必要がありましたが、「良いもの」「面白いもの」「応援したいもの」であれば、みんなが勝手に広めてくれる時代です。同時に、Netflix、Hulu、Amazonなど、ユーザーがプラットフォームに「直接課金」するコンテンツが増え、「広告ありきのメディアビジネス」の代替が育ってきているという要因もあります。仮にユーザーによる直接課金がより普及していけば、現在の広告モデルのメディアビジネスは減少していくはずです。しかしながら、「広告」で儲けてきたはずなのに、「月額500円で広告非表示に！」みたいなメディアの仕組みを見ると、なんだかなぁという感想を抱いてしまいます(ただの愚痴なので文字色を薄くしています)。

Niche to Mass

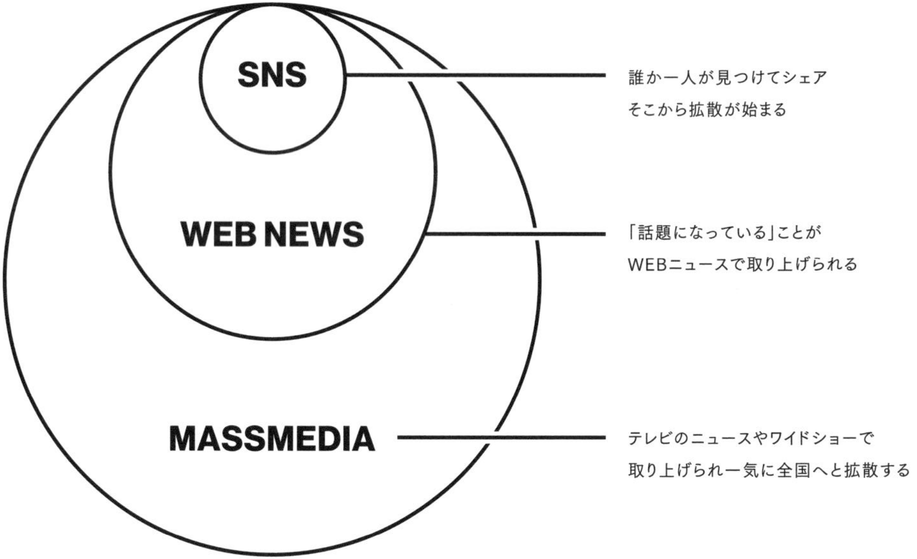

拡散の「着火点」としてのSNS。Niche to Massの現象。

「でもSNSなんてまだまだ限定的なメディアじゃないか」という声が聞こえてくる気がします。それはその通りであり、マスメディアに比べたらまだ限定的なメディアだと思います。しかし、ものすごい勢いで影響力を増していることは事実であり、「SNS上で話題になったこと」が、「テレビなどのマスメディアのニュースになる」ということが頻繁に起こるようになりました。「SNS投稿が着火点」→「SNS上で話題になる」→「WEBニュースで取り上げられる」→「“SNSで話題”がテレビのニュースになる」という流れです。先述の事例「Oisix」や「バーガーキング」のように、たった「一箇所」から「マスメディア」に広がっていく可能性があります。「Niche to Mass」という現象が日常的に起こるようになりました。昔の「メディアを買わなければ」届けられなかった時代からすると、やはり大きな変化であり、予算の多寡に限らず、世の中に情報を届けられる可能性が生まれています。

“資本（広告予算）がものをいう時代が終わり、誰でもやり方次第で効果的なマーケティングができるようになったこと。そして、もうひとつは（実はこちらのほうが、大きな理由なのですが）、本当にいい商品やサービスが評価され、購買される時代がやってきたこと。これは、自分たちが本当にいいと思う商品やサービスを、喜んでくれる人の元に届けることができる時代になったということです。マーケティングに携わる人間にとって、なんとやりがいのある、いい時代でしょうか!”

『僕らはSNSでモノを買う』飯髙悠太著（ディスカヴァー・トゥエンティワン, 2019年）

「ユーザー」を超える「メディア」は存在しない。

SNSインフラの確立は「ユーザーがメディアになることを実現する社会」の到来でもあります。商品を買って、使ってくれた人、観てくれた人がシェアをし、広めてくれる世界です。情報が爆発している現代において、信頼に足る情報は「自分の信頼する知り合い」や「自分が大好きなあの人」がシェアしてくれた情報です。同時に、企業やメディアが「一方的に伝達する情報」への信頼度は低くなっていきます。また、知り合いでなくとも、ユーザーによる口コミ(食べログやAmazonのレビュー)を参考にする人も多くいます。上記の飯髙さんの本に書かれているように、「UGC = User Generated Contents (ユーザーによる口コミ)」をいかに増やしていけるかがブランドの成長の鍵になることは間違いありません。ユーザーによるポジティブな口コミが広がり、そこから連鎖的に新たなユーザーが増えていくのであれば、「媒体を購入して広告をする」必要性は少なくなっていきます。「ユーザー(ファン)こそが最強のメディア」、この方程式はSNS社会でより確固たるものになっています。

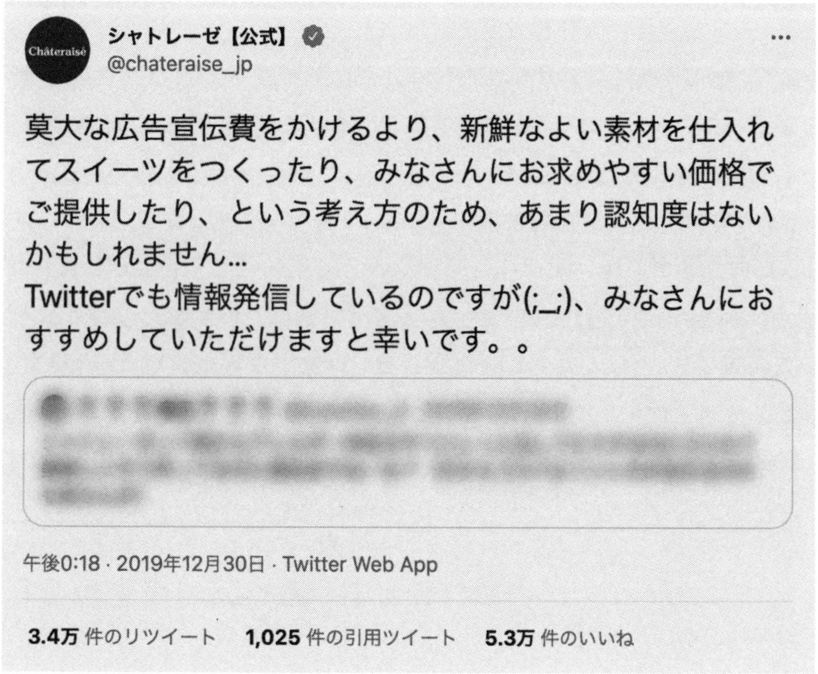
シャトレーゼ【公式】
@chateraise_jp
莫大な広告宣伝費をかけるより、新鮮なよい素材を仕入れてスイーツをつくったり、みなさんにお求めやすい価格でご提供したり、という考え方のため、あまり認知度はないかもしれません…
Twitterでも情報発信しているのですが(;_;)、みなさんにおすすめしていただけますと幸いです。。
午後0:18 · 2019年12月30日 · Twitter Web App
3.4万 件のリツイート
1,025 件の引用ツイート
5.3万 件のいいね

「莫大な広告宣伝費をかけるより」

2019年末のシャトレーゼのTwitterの投稿です。この投稿はたった2日間で「3万リツイート/4.5万いいね」を獲得しています。もともとはユーザーの投稿(アレルギー対応のケーキの情報)に対する回答であり、広告のような「つくり込まれたメッセージ」ではなく、とても親しみやすい口調で返信しています。これらはシャトレーゼが以前から「アレルギー対応のケーキ」を開発してきた結果であり、「生活者により良いものを届けている」という本質的な価値の追求がありました。同時に、シャトレーゼがSNS上でファンとつながってきた結果でもあります。「莫大な広告宣伝費より、新鮮な良い素材を」という広告屋からすると耳の痛い言葉ですが、こういった企業の本業における「真摯な取組み」がSNSによって「きちんと届くようになった」ことは喜ばしい流れです。同時に、時と場合によっては、クライアントに対して「広告よりもこっちに使いましょう」という提案ができるようにならなければ………と考えさせられる出来事でした。

“それなのにあなたたちが話しているのは、
お金のことと、経済発展がいつまでも続くというおとぎ話ばかり。
恥ずかしくないんでしょうか!”

グレタ・トゥーンベリさんのスピーチ(国連気候行動サミット)

「壊すこと」ではなく、「守ること」に力を使うゲームチェンジを。

この本のもう一つの前提は、「未来のことを無視した活動は限界を迎えている」ということです。終焉を迎えた(はずの)多くのビジネスが及ぼす「環境破壊」は、深刻さを増す一方で、二酸化炭素は増え続け、南極では400万年ぶりの数値を記録したそうです。夏の猛暑、大雨、洪水、台風など、私たちの暮らしの中でも、その異常さを感じるようになりました。人類が長い歴史の中で「物質的豊かさを実現しよう」と努力をした結果、「人が暮らせない環境」になってしまうという悲劇が起こりかねない状態です。今やるべきことは明白で、次の世代(子どもたち)の未来を守るために、知恵や技術やお金を使っていくことです。地球環境を「壊すこと」ではなく、「守ること」を競い合うビジネスにしていく。そういった大胆なゲームチェンジが必要であり、マーケットや人の暮らしに近い仕事である「広告業界」には、その大きな責任があるはずです。

“国連が掲げ、各国政府も大企業も推進する「ＳＤＧｓ（持続可能な開発目標）」なら地球全体の環境を変えていくことができるだろうか。いや、それもやはりうまくいかない。政府や企業がＳＤＧｓの行動指針をいくつかなぞったところで、気候変動は止められないのだ。ＳＤＧｓはアリバイ作りのようなものであり、目下の危機から目を背けさせる効果しかない。かつて、マルクスは、資本主義の辛い現実が引き起こす苦悩を和らげる「宗教」を「大衆のアヘン」だと批判した。ＳＤＧｓはまさに現代版「大衆のアヘン」である。”

『人新世の「資本論」』斎藤幸平著（集英社, 2020年）

SDGsは令和版の「大衆のアヘン」。

すでに「SDGs」がバズワードになっていると言われています。個人的には、「言葉から」始まるということは確かにあるし、言葉を入り口にすること自体は良いことだと考えています。実際にSDGsという言葉から、社会課題を学んだ人も多くいるはずです。しかし斎藤幸平さんの『人新世の「資本論」』の中でも、SDGsは現代版「大衆のアヘン」だという指摘がありました。これは、言葉だけを掲げ、会社のHPに載せ、バッジをつけて、ストローを紙にするだけで、「辛い現実が引き起こす苦悩を和らげる」ことで満足してしまうことへの警鐘です。以前、ある企業のSDGs担当の方に「ジェンダー平等」に関する提案をしたら、「うちはそのゴール掲げていないんだよね」と一蹴されたことがありました。企業として「掲げたゴール以外は取り組まない」なんてあまりにナンセンスです。しかしフィアレスガールがそれを実行したように、広告には「課題を広く周知できる」可能性があります。SDGsをバズワードで終わらせないために、広告界には何ができるのか。真剣に、真摯に向き合う必要があるのだと思います。

第三章

「広告クリエイティブ」の可能性

この本では、よく「広告クリエイティブ」という言葉を使います。それは、一般的に使う「クリエイティブ」と「広告クリエイティブ」を、別のものとして捉えているからです。この本の目的の一つは、その「広告クリエイティブ」という特殊な仕事の可能性を探究することと、その力をより広く、より良い活動に使っていくことです。「広告クリエイティブ」という、とても興味深く、面白い仕事の魅力を伝えていけたらと思います。

広告の
クリエイターは
単なる
クリエイターに
あらず…
数多の
要望
数多の
制約
数多の
条件
針の穴に糸を
通すがごとく…
尊い仕事だと
思わないか…
それを…
昨今の有様
はなんだ!!!

113

新興の
輩どもが
…!!!
やれ
バズだ!?
インフル
エンサーだ!?
広告の世界は
今——
行儀を知らぬ
輩に食い散らかされた
一流ホテルの
バイキングだ!!!
あえて
言おう
広告は
難しい!!!

114

「広告クリエイティブ」という、奇怪で愉快で特殊な仕事。

「広告クリエイティブ」という仕事は、とても特殊な仕事であり、価値のある仕事だと考えています。『左ききのエレン』の、上記のシーンにその面白さが表現されていました。「数多の要望/数多の制約/数多の条件」それらを解決するアイデアと実行力とクラフト力が問われる仕事です。アートのような「自発性」によるクリエイションとは違い、広告クリエイティブは「企業による課題/要望」と「予算」が先にあります。ステークホルダーも多く、制約は大きいものです。そういった複雑に絡み合った状況の中で、「針の穴に糸を通すようなアイデア」と、それを前に進める「行動力/実現力」、さらに世の中に定着させる「クラフト力」が問われます。それらの力は、決して(狭義の意味での)広告だけにとどまるものではありません。この先、もっと幅広いフィールド、もっとビジネスの川上で、その力を使っていけたなら、社会も広告の仕事もより面白くなっていくだろうと確信しています。

出典:『左ききのエレン』原作・かっぴー、漫画・nifuni(集英社)

IDEA

||

現状の課題・問題を
突破する気づきや発想

常識、慣習、ルールを逸脱し、新しい回路をつくること。

「広告クリエイティブ」の大切な要素の一つが「アイデア」と呼ばれるものであり、広告の仕事では、まずアイデアを考えるところからスタートします。アイデアとは、あえて言葉にするならば、「現存する問題や課題を突破するための、気づきや発想」と定義します。先述のように広告クリエイティブは「何かしらの課題を解決するもの」であり、その起点にあたるのが「アイデア」です。「アイデア」のない「広告クリエイティブ」は存在しないとも言えます。個人的な考えでは、アイデアの対義語は「常識・慣習・ルール」だと捉えています。良いアイデアは、古き常識を壊し、新しい常識をつくります。古き慣習を壊し、新しい慣習をつくります。古きルールを逸脱し、新しいルールをつくります。過去から今日までの延長線から脱線し、新しい道をつくる。常に、今日を過渡期と捉え、「今より良い未来」を探究する力が求められる仕事です。

DESIGN

||

今はまだない「より良い形」を探究し、
実現するための思考と技術

デザインは、いつでも「より良い未来」を模索する。

博報堂では「デザイナーだけ」に総合職とは別の入社試験が存在します。それくらい特殊で希少な仕事なのだと思います(コピーライターは総合職と同じ試験でした)。僕自身はデザイナーではありません。しかしコピーライターとしてデザイナーと共に仕事をする上で、デザインの重要さやその価値を目の当たりにしてきました。デザインとは何か？ という問いはとても難しいのですが、僕なりの答えは「今はまだ存在しない“より良い形”を探究し、実現するための思考と技術」です。人がより楽にスープを飲むためにスプーンが生まれたように。人がより気持ちよく生きるために、デザインはいつだって「新しくもより良い形」を模索しています。それはもちろん、「表層的」なものに限りません。デザインは「機能」に従うものであり、いつでもその「機能性」に立脚するものです。デザインとは人々のより良い暮らしを希求する行為であり、逆に言えば、より良い未来を実現するためにも、「デザインという領域」はとても大きな役割を担っています。

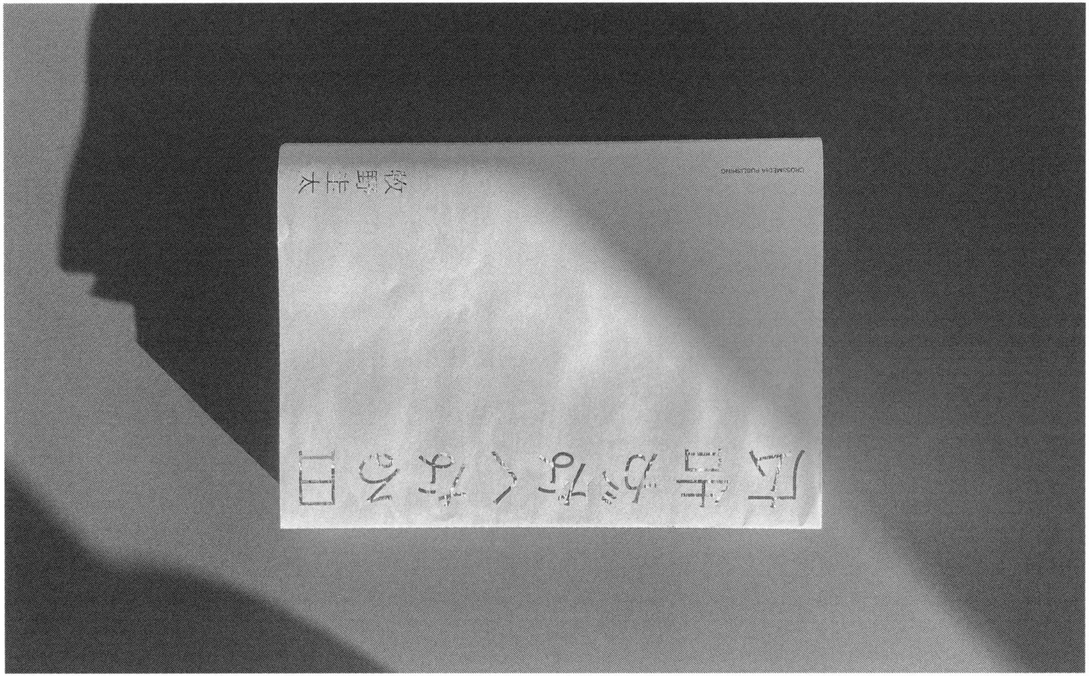
広告がなくなる日
牧野圭太
CROSSMEDIA PUBLISHING

改めて、この不思議な本の形状について。「デザイン＝意匠」という和訳。

「まえがき」にも書きましたが、この本は変わった構造でつくられています。「形状」そのものは「普通の本」と変わりないのですが「印刷する方向」を変えています。本は基本的に「横開き」と言われますが、この本は「縦開き」と言えます。「印刷する方向」を変えただけですが、みなさんの「本の読み方」は変わっているはずです。机や膝の上に置いて、箱を開けるかのようにページをめくっているのではないでしょうか。この行動の変化だけでも、デザインとは表層の話ではなく、機能に紐づいていることがわかります。この形状に挑戦しようと思ったのは決して、「奇抜なことがしたかったから」というわけではなく、この後に説明するいくつかの「意図」から始まっています。デザインの日本語訳の一つに「意匠」という言葉があり、僕はこの言葉をとても気に入っています。デザインとは「意の匠」なのです。意図、意志、意味、意義。そういう「意」に形を与える仕事なのだと解釈しています。というわけで、この「縦開き」の「意図」の話に続きます。

人の集中力は、金魚より短い
「8秒」という説がある。

このSNS時代に、「10万字の本」って長すぎませんか？

この本を書き始める際に「一般的に、本は10万字が目安」と聞きました。でもスマホやSNSに慣れた現代人にとって「10万字って長すぎないか」という疑問が頭をよぎりました。Twitterの140字をはじめ、スマホで読む短いテキストに慣れてしまい、人の集中力は確実に短くなっています。マイクロソフトの2015年のレポートに、「人の集中力は、金魚よりも短く、8秒しか続かない」、という面白い説があります(2015年でこれなので今はもっと短そうです)。正直に言えば、僕はここ数年で「一冊の本を最後まで読み切った」ことがほぼありません。「文章がずっと羅列している」本という構造に少なからず拒否反応が生まれてしまいます。なので本書では極力文字を減らし、上半分をスライド形式にしました。「各ページに一つのエッセンス」を詰め込み、シンプルに伝えられるような設計にしたつもりです。Twitterの一投稿を眺めるように、プレゼンのスライドを見ているように、パラパラとめくりながら、気楽に読んでもらえたらと思います。

Photo: Mark Mawson /getty images

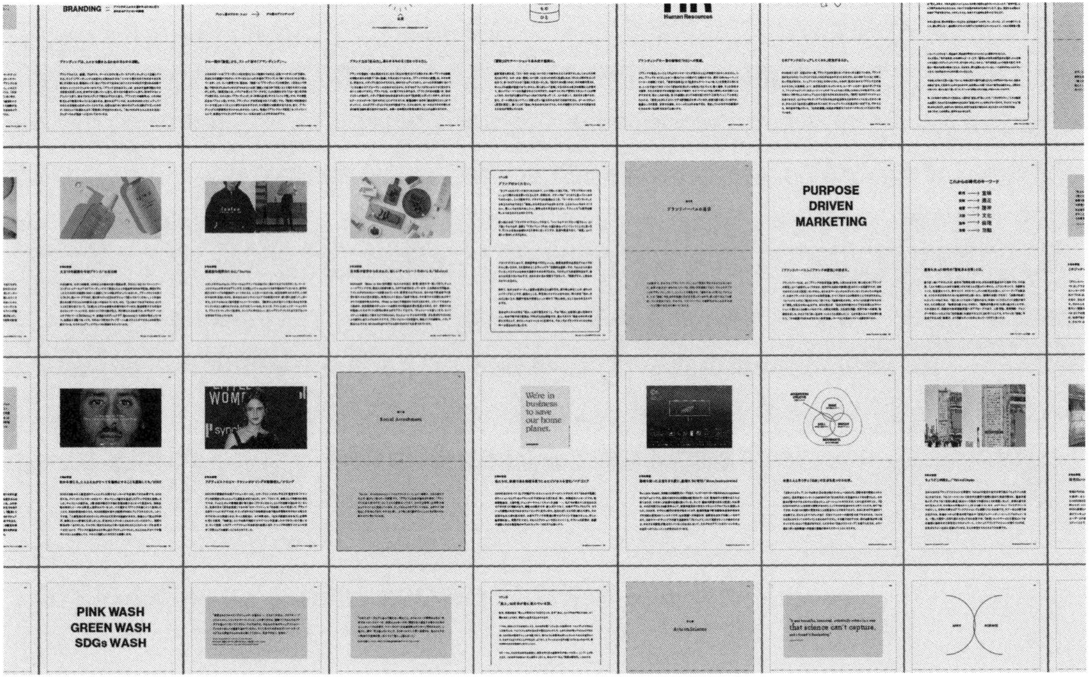
BRANDING
Human Resources
PURPOSE
DRIVEN
MARKETING
We're in
business
to save
our home
planet.
PINK WASH
GREEN WASH
SDGs WASH
that science can't capture.

「本」ではなく、「プレゼンテーション」のつもりで。

しかし実際に本を書き始めてみると、「5万字以上の文章」を書き切るのはあまりに絶望的な道のりに思えました。そこで考えた結論が、「本を書くというよりプレゼンテーションするように書こう」というものです。僕の仕事は「長文を書く」ことよりも「企画書をつくってプレゼンする」ことの方が遥かに多く、10万字の文章を書くことはなくても、100ページの企画書をつくることはあります(できればつくりたくないですが)。できる限り「自分の慣れたスタイルで書こう」と考え、上図の写真のように「Illustrator」で書くことに決めました。プレゼンなので横長が基本です。結果、「上ページを図や写真」といった「スライド」にし、「下ページを説明」にするというスタイルになりました。そのような「意図」の結果として、この「縦開き」という本のデザインが生まれています。(ちなみに、この形状にしたところで、書くのはとても大変でした……。)

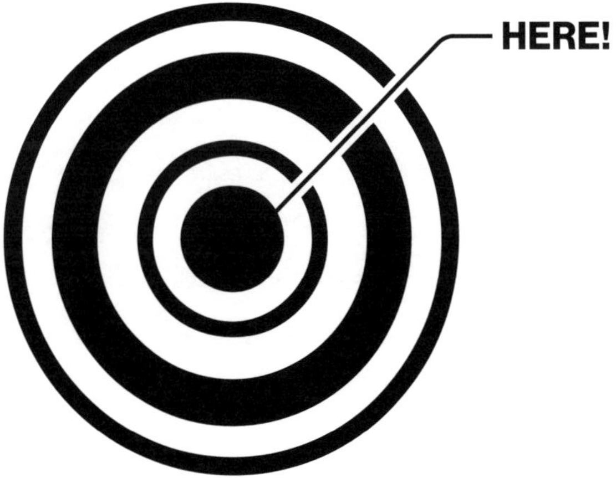
HERE!

#参考事例

男子トイレの掃除を楽にするためのアイデア/デザイン。

デザインやアイデアの話をするときに、よくこのマークを例に挙げます。「男子小便器」の話であり、(女性は知らない人もいるかもしれませんが)男子トイレには、このような「マーク」がたまに貼ってあります。これは実は「マト」になっていて、みんなが「外さないように誘導する」ためのものです。ある空港で「掃除をより効率的にできないか」と考えた際に生まれたアイデアだとか。普通であれば「拭きやすいモップ」や「効率的なシフト」などを考えそうなものです。このマークは、「掃除を楽にする」ために「まず汚させないようにすればいい」という発想の転換から生まれています。さらに「汚さないで！」と言っても人はなかなか聞いてくれません。だから「マトを置く」ことで「人の行動を自然に誘導」し、その結果として掃除を楽にしてしまった、という素晴らしいアイデアであり、機能を伴う素敵なデザインだと、見るたび感心しています。

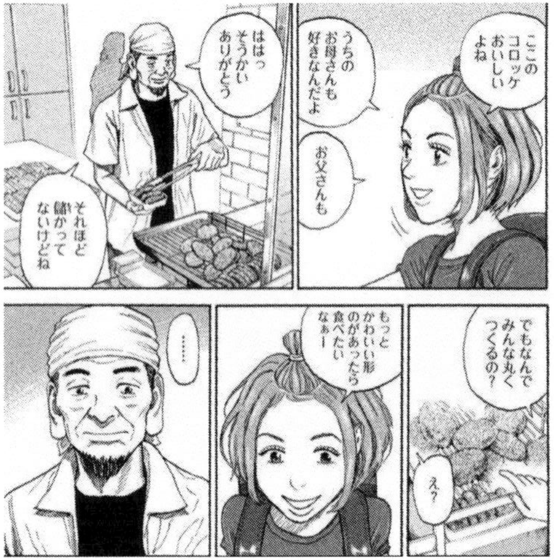
ここのコロッケおいしいよね
うちのお母さんも好きなんだよ
お父さんも
ははっそうかいありがとう
それほど儲かってないけどね
でもなんでみんな丸くつくるの?
え?
もっとかわいい形のがあったら食べたいなぁー
……

サービスだ
おいしい!
ハートの方がなんかちょっとおいしいね
ハフ
ハフ

#参考事例

どうして「コロッケは楕円が当たり前」と思い込んでいるのか。

もう一つ、大好きな事例として『宇宙兄弟』のワンシーンを使わせてもらいます。小さい頃のせりかが「なんでみんな(コロッケを)丸くつくるの?」と問いかけます。その「気づき」からたぶさんが「ハート型のコロッケ」を開発するエピソードです。おそらく、楕円は楽だったりと効率的な形ではありそうですが、「コロッケは絶対に楕円」でないといけないものでもなさそうです。しかし、我々のような大人は、どこかで「コロッケ=楕円型」という「常識」を持ってしまい、その思考から抜け出せません。常識/慣習/ルールを忘れることがアイデアの一歩目です。「ハートの方がなんかちょっとおいしいね」というセリフが象徴的で、形を変えるだけでは、味が変わるはずはないのですが、「人に与える味覚を含めた印象」は変わることもあり得るだろうと思います。そんな不思議な現象も、デザインやクリエイションの面白さの一つだと思うのです。

理系
SCIENCE
定量的/科学的アプローチ。
再現性やロジックを重視する。

文系
HUMANITIES
哲学的/文化的アプローチ。
感覚や人間的価値を模索する。

デザイン系
DESIGN
よりよい未来への美意識の追求。
それを具体化する思考と技術。

日本はデザイン教育が圧倒的に足りていない…

いつか、「理系+文系+デザイン系」と呼ばれる日まで。

デザインに関して、「その重要さの割に過小評価されている」とずっと感じています。というより、その概念がほとんど「正しく理解されていない」のだと思います。日本には「デザイン教育」というものがほとんどありません。義務教育はもちろん、一般の四年制大学でも、学ぶ機会は(意図的に選択しないかぎり)ありません。しかし、物理的なプロダクトに限らず、あらゆる物事を生み出す上で、デザインの思考・思想・技術は不可欠なものです。よく主張しているのですが、「理系・文系」という概念と並ぶくらい大きく重要な概念であり、義務教育の段階で「理系・文系・デザイン系」という括りになればいいと考えます。デザインはより良い未来を模索し実現する力です。日本にもっと多くのデザイン教育があれば、より良い未来をつくる人が増え、結果として社会は「より良い方向へ」と向かっていくだろうと思うのです(なのでいつか必ずデザイン教育の事業をやりたいと考えています)。

つくる人 ＋ **進める人**

クリエイター（創造者）　　プロデューサー（行動者）

動かす、進める。プロデューサーという仕事の大切さ。

広告の仕事は、どうしても「クリエイター」の名前が注目されがちです。だけど実は、仕事を「進める」ことを生業にする「プロデューサー」という職種がとても大きな鍵を握っています。何かを「世に生み出すこと」と、複雑な社会の中で「物事を前へと進める」能力はまったく別の能力だからです。様々なステークホルダーをまとめあげ、コストをコントロールする。そのために必要な物事を整理し、スケジュールと道筋を組み立てる。言い換えれば「行動者」のような仕事です。「創造者」と「行動者」。この両輪があってはじめてクリエイションは実現され、世に出ることになります。特に、難しいアイデアであるほど、それを実現するプロデューサーの能力が問われます。この仕事はもっと注目され、称賛されるべき仕事だと日々痛感しています。優秀なプロデューサーが増えることも、広告がより良い仕事になるために不可欠なテーマです。

“最も個人的なことは最もクリエイティブなこと”

ポン・ジュノ(第92回アカデミー賞授賞式でのスピーチ)

「我がまま」というマインドセット。

最も個人的なことは、最もクリエイティブなこと。これは『パラサイト-半地下の家族』のポン・ジュノ監督がアカデミー賞授賞式で語った言葉です(マーティン・スコセッシの言葉からの引用)。僕はこの言葉をはじめて見たときに、大きな感銘を受けたとともに、とても納得感がありました。

「クリエイター」に必要な気質の一つに「我がまま」というものがあると考えています。「ワガママ」は基本的にネガティブな言葉として使われますが、「自我」や「自発性」といった意味において「我がまま(あるがまま)」でいることは重要なマインドセットです。ビジネスにおける、様々な「事情やしがらみ」の中で、それでも感覚や直感を大切にし「これがいい」と判断できる人はとても貴重な存在です。これがつくりたい。こうあるべきだ。そういう「自発的で人間的な衝動」を持ち続けられることも、クリエイターに求められる大切な気質の一つだと考えています。

コラム①

「アイデア」の在り処。

よく聞かれる質問の一つに「どうすれば、アイデアを生み出せるようになりますか」といったものがあります。

僕なりの返答を書いてみます。アイデアを生み出す人はまず「天邪鬼(あまのじゃく)」である必要があります。それはいつだって、「当たり前」を疑い、逸脱する行為だからです。世の中を「うがった」見方をする必要があります。

例えば「文鳥文庫」だってそうでした。「どうして『走れメロス』というタイトルの本に、関係ない短編がたくさん入っているのか」「『走れメロス』という物語だけで売るべきじゃないか」そういう「当たり前」への「疑い」からスタートしています。その結果「蛇腹型の文学」という不思議な形状ができあがりました。

「アイデア体質」という言葉を、どこかで聞いたことがあるのですが、すごくしっくりくる言葉です。アイデアを生み出すのは、確かに体質であり、習慣であり、傾向です。では、その体質はどうやってつくるのかと言えば「好きになる」ことが一番の近道だと考えます。

そのためにも、とにかく「インプット」です。過去の広告や企画の事例を飽きるまで見てください。インターネットでいくらでも探すことができる世の中です。とにかくインプットし続けるとカラダ(脳)が勝手に「型」をつくり始めます。「アイデアや企画をつくる」ための「回路」が生まれます。その回路ができてしまうと、街にある様々なところでその回路が反応するのです。

インプットしまくって、好きになって、アウトプットして。そのループが「アイデア体質」を生み出すのだと思います。その入り口は、兎にも角にも「インプット」です。まずは世界に確かに実在した、最高な企画やアイデアに驚いてみてください(これから知ることができるなんてうらやましい)。その中で、自分が「これは面白い！」と感じたところ。

きっと、その場所こそが、「アイデアの在り処」です。

第四章

ブランドとは何か

この本の根っこは「ブランドづくり」にあります。プロダクトやサービスをつくった後に、「広告予算」を投下して広めるのではなく、そのもの自体を「みんなが勝手に広めてくれるブランドにする」こと。それらに、予算や時間や労力をもっと使っていこうよという提案です。この章では、「ブランディングとは何か」というずっと繰り返されてきた難しい問いへ、自分なりに挑戦してみようと思います。

More than marketing

“ラッシュは、余分なパッケージ、広告、手の込んだマーケティングなどにお金をかけません。たくさんの在庫を保管する設備にお金をつぎ込み、規模の経済性で収益を高めようとすることもありません。ラッシュのコスメは、エシカルバイイング（倫理的な買付）で調達した最上品質の原材料、そしてできる限りオーガニックの原材料のみを使って丹念に手作りされています。ですからラッシュのお客様は、こういった素晴らしい原材料にお金を払っていることになるのです。”

https://jn.lush.com/article/maketeinguyi-shang-noyi-yi

マーケティング以上のもの。

イギリスのコスメブランドLUSHが掲げている「More than marketing」は、広告やマーケティングに携わる、すべての人に読んでもらいたいステートメントです。とにかく自社のプロダクトやサービスそのものにコストをかけ、その取組み自体が話題となり、人々から強く愛されるブランドになる。逆説的ですが、この考えこそが「広告」の理想形ではないかとよく考えます。しかし、このような発想は、既存の広告業界にとっては受け入れがたいものです。これを成功させてしまうと、「広告出稿」は必要なくなり、「メディアビジネスを中心とする広告会社」は仕事がなくなってしまいます。実際、広告代理店時代に「広告出稿より、これ(ある企画)をやったほうがいいと思う」という提案をクライアントにしたら、打合せ終わりに社内の営業から「メディアを売らないと!」と怒られた経験があります。それは営業という立場では仕方のないことです。しかし広告業界も、短期的な売上を求めるよりも、クライアントの事業に長期的にコミットする、そういう思考と姿勢がより必要になります。

BRAND ＝ 人、企業、プロダクト、サービスなどに
宿っているアイデンティティ

BRANDING ＝ ブランドが人々から愛されるために行う
あらゆるアクションの総称

ブランディングは、人々から愛されるためのあらゆる活動。

ブランドとは「人、組織、プロダクト、サービスなどに宿っているアイデンティティ」と定義しています。そして「ブランディングとは何か」と問われたなら「人々から愛されるためのあらゆる活動」だと答えます。結局のところ「良いブランドであるか」は「人々からどれだけ愛される対象であるか」ということでしかないからです。「ブランド力のあるなし」は、あらゆる経済活動に大きな効果を及ぼします。好きだから買いたいと思う。好きだから働きたいと思う。好きだからシェアしたいと思う。好きだからメディアで取り上げたいと思う。「ブランド」の重要性は、このSNS時代により顕著になっていると感じます。愛されるブランドは、みんながSNS上でシェアしてくれるため自発的に広がっていくからです。以前は知り合い同士のリアルな会話だけだったものが、SNSという仕組みにより「拡散性」が付加されました。「良いものがきちんと広まる社会」、そんな理想の社会が、少しずつそれが現実へと近づいてきています。

販促とブランディング

フロー型のプロモーション → ストック型のブランディング

プッシュ型のプロモーション → プル型のブランディング

フロー型の「販促」から、ストック型の「ブランディング」へ。

この本のテーマは「ブランディングの大切さ」という言葉に尽きます。広告/マーケティング予算を、自分たちの組織やプロダクトやサービスといった本業の「ブランド」を「強くすること」により使っていきましょう、という提案です。現状は、「販促」と「ブランディング」の両方が、「広告という言葉」で括られてしまっています(どちらかといえば「販促」のほうが「広告」として捉えられている気がします)。「販促広告」は、メディアを使って「リーチする」ことを目的にする「フロー型」の広告だと言えます。それに対し「ブランディング」は「本業に投資」をする「ストック型」です。また販促広告は「プッシュ型」ですが、ブランディングは引き寄せる「プル型」です。「販促」は短期的にリーチや売上をつくることに寄与するものですが、その獲得には限界があります。逆に、ブランディングには即効性はないかもしれません。しかし、地道に「ブランドという資産」をつくっていくことで、長期的でサスティナブルなメリットを生み出すことができるはずです。

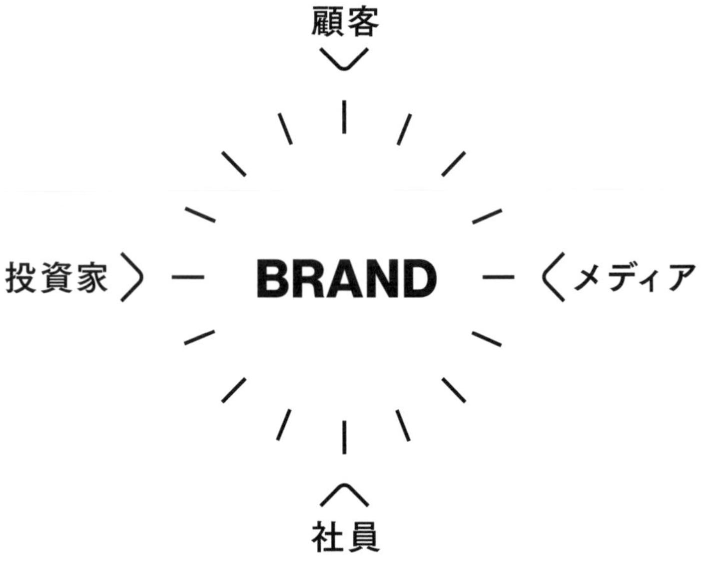

ブランドのある組織にはあらゆるステークホルダーが自発的に近づいてきてくれる

ブランド力は「求心力」。あらゆるものを「引きつける力」。

ブランドの効能を一言に集約するとしたら「求心力/吸引力」だと答えます。強いブランドは組織の活動のあらゆる面で「良い効果」を生み出してくれます。「ブランドのない組織」は、ものを売る、採用する、メディアに取り上げてもらう、SNSでシェアしてもらう、といった企業活動において「こちら側からアプローチ」しなければなりません。なぜならブランドがないからです(元も子もないことを書いていますが)。ブランドとは、人を魅了するものであり、「ブランドがある組織」は、呼ばずとも人が集まり、メディア露出/SNSの拡散もみんなが「自発的」に行ってくれます。あらゆるステークホルダーを「引きつける」ことができるため、組織活動における「総合的なコスト」が下がっていく、それがブランディングの大きな価値です。そのためにも、セールのようなその場しのぎの販促活動を繰り返すのではなく、本業への本質的な投資を続けることが必要になります。

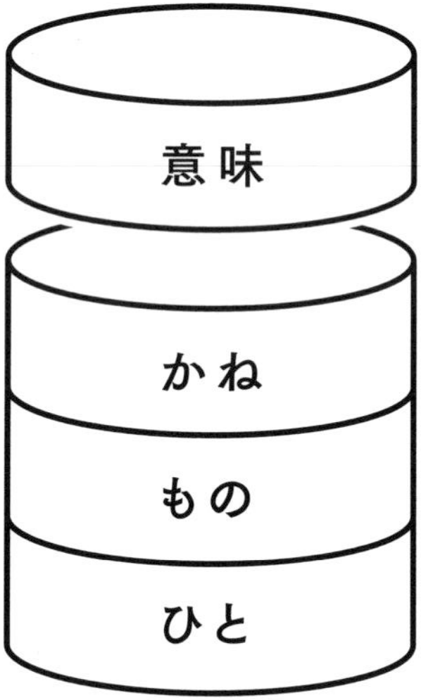
意味
かね
もの
ひと

「意味」はモチベーションを生み出す燃料に。

経営資源と言えば、「ひと・もの・かね」という三つで語られることがありました。しかし今の時代には「ひと・もの・かね・意味」という四つになったのだと実感します。VUCAと呼ばれるこの社会で、多くのビジネスは「意味」を見失いました。「何のために働くのか」その明確な答えを、ほとんどの組織が用意できていません。強く新しい「意味」を与えられる希少な組織に人が集まり、高いパフォーマンスを発揮するようになります。お金やシステムで管理をするということが難しくなり、みんなが心躍るビジョン=向かう先があってこそ、人々は楽しく、生き生きと働けます。逆に、ゴールの見えないマラソンは誰にだって耐えられるものではありません。ゴール=ビジョン=意志を設定し、働くことの「意味」を生み出せるかどうか。それが経営にとても大きな影響を与える社会が到来しています。

BRANDING for HR

Human Resources

ブランディングの一番の価値は「HR」への貢献。

「ブランドの効力」というと「プロダクトやサービスが売れること」を想起するかもしれません。しかし、ブランドをつくることの「一番のメリットは何か?」と聞かれたら、僕は「HR=ヒューマンリソースへの貢献」であり、「採用の活性化」と「社員のモチベーション向上」の効果だと答えます。これまで述べてきたように「意味が枯渇している時代」だからこそ、働く意味、そこに存在する意味、それらを明示できる組織には人が集まり、モチベーションを高く維持しながら働くことができます。特にこれから先、多くの組織において中核を担うであろう「Z世代/ミレニアル世代」の人々は、「意味」に対してよりシビアな評価視点を持っています。何度も繰り返していますが、組織としての意志、存在する意味、そういったことを本気で考え、追求していかなければ組織が機能しなくなる時代なのだと思います。

BRAND

そのブランドは「シェアしたくなる」空気があるか。

SNS社会になり、以前よりも一層、ブランド力が大切になってきていると感じています。ブランド力があるものは「シェアしたくなる=UGCが生まれやすい」からです。みんなが「いいね」を押したい空気があるか、「シェアしたくなる」ものかどうか。それが、現代における「ブランド力があるかどうか」の象徴的、かつ、決定的な差になっています。ユーザーこそが一番のメディアであり、ファンがシェアしてくれるコンテンツこそが「もっとも良い広告」になることは明白です。この令和という時代に人々がシェアしたいと思うものはどんなものか。「便利」などのファンクションもありますが、エシカル/サスティナブルなものなどの社会性も大きなポイントになってきています。少なくとも「社会的に歓迎されないもの」をシェアしたいとは思わないはずです。だからこそ、本の後半で触れていく、「社会的意義」の追求が重要なファクターになっていくだろうと考えています。

コラム②

「あなたがいなければ、生まれなかった仕事を」

「売上」や「利益」、「便利さ」や「効率性」。そういったものたちを社会が追い求めてきた結果、あらゆるものがコモディティ化しました。

「コモディティ化」とはオリジナリティがなく「代替可能なものばかり」が並んだ状態です。つまり「ブランドのない」プロダクトやサービスが溢れた時代です。「便利さ」や「効率性」には、ある程度の「答え」があり、それを追求していくとみんなが同じ場所に辿りついてしまいます。「意味不足」という現代社会が生まれたのは、そのような背景があるのだと考えています。仮に、自分たちの関わる仕事が「代替可能なもの」であるとしたら、仕事をする意味は見出せなくなります。

正直に言えば、僕は博報堂にいた頃は、自分自身が「コモディティ」だったと、どこかで感じていました。別に僕じゃなく、他の誰かがやっても同じような仕事をしていたからです。それは博報堂が悪いということではなく、僕自身が、僕自身を埋没させていたことに原因がありました。
そんな頃に、「旬八青果店」の仕事をスタートします。「都市には青果の専門店が必要だ」、そんな想いから始まったプロジェクトです。何もなかったところから、「旬八青果店」という名前を掲げ、中目黒に一坪の八百屋が誕生しました。オープン当日、僕も店頭に立っていると、一人のおばあちゃんがやってきて、100円のさつまいもを買っていきました。

その時、はじめてと言って良いくらいに、仕事に対する喜びを感じました。100円のさつまいもに、自分の仕事の「意味」を見出すことができたのです。大企業にいた頃「これは**億円の仕事だから」と言われた時よりも、遥かに嬉しく思いました。そこには「手触りのある実感」が確かにあったのです。

今、この社会で大切にすべきなのは、人間的な「意志」や「思い」です。「これがつくりたい」「これが絶対に必要だ」そのような人の内面から生まれる「意志」をもっと大切にするべきです。そしてそこから「意味」が生まれます。あなたがいなければ、あなたの意志がなければ、生まれなかったであろう仕事。
それこそが、この世界に、意味を生み出します。

第四.五章

ミレニアル世代のブランドたち

近年、SNSでよくみかけるようになったブランドたちがあります。いずれも素敵な思想と世界観を持っていて、多くのファンに囲まれています。それらは、良い意味で「個人的」なブランドに思えます。先ほど紹介した言葉、「最も個人的なことは、最もクリエイティブなこと」を体現しているようなブランドたちです。僕の独断と偏見で五つのブランドを紹介していきます。

ブランドづくりの要件

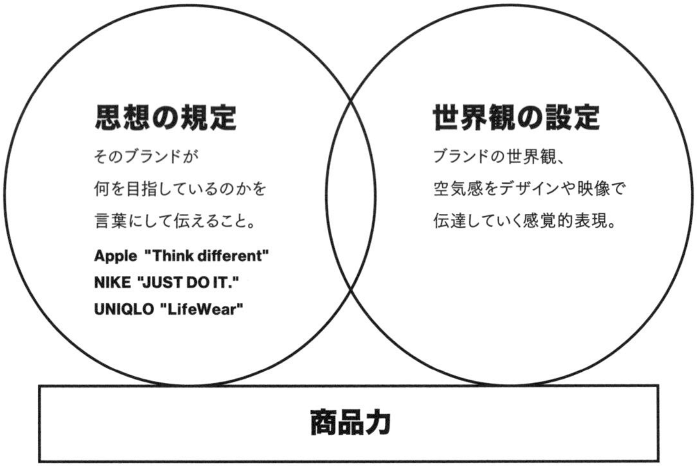
思想の規定
そのブランドが
何を目指しているのかを
言葉にして伝えること。
Apple "Think different"
NIKE "JUST DO IT."
UNIQLO "LifeWear"
世界観の設定
ブランドの世界観、
空気感をデザインや映像で
伝達していく感覚的表現。
商品力

オリジナルな「ビジョン」と「世界観」がブランドをつくる。

ブランドは大きく二つのファクターで成り立っていると考えています。それは明確でオリジナルな「思想/ビジョン」と「世界観」です。「ビジョン」は、「言葉」でブランドを表現し、「世界観」は「佇まい/空気」でブランドを体現します。その両輪を動かしていくことが、ブランドをブランドにしていくのだと考えています。ブランディングと言うと、「ビジョン」の話がよく出てくる気がしますが、それらを「佇まい」「空気」で伝達する「世界観=ブランドトーン」が、この時代により重要になってきていると感じています。SNSで拡散される写真一つからでも、そのブランドが醸し出す空気感、そこから受けとれる情報量は実はとても大きなものです。いずれにせよ、まずは「オリジナル」な何かがあることが不可欠です。それはきっととても「個人的」なところから生まれる「固有的」な何かです。まずはその「何か」があり、それを表現する方法としての「ビジョン」と「世界観」があるのだと考えています。

〇「つくりたい」という「思いファースト」

〇つくり手の顔が見える(トランスペアレンシー)

〇独自の世界観がシェアしたい「絵」になっている

〇大量生産/消費ではなく「エシカル」である

〇ルールに縛られないオリジナルなモデルを追求

〇広告費を(ほとんど)かけない

令和という時代に生まれたブランドたち。

普段からSNSを見ていると「これはミレニアル世代のブランドだ」と感じることがあります。それらは、とてもナチュラルにSNSに溶け込んでいて、大手企業などに比べたら規模も物量も小さいはずなのに、ものすごく「大きな存在感」を持っています。「思い」を起点にスタートしていて、応援したい、所属したいと思わせてくれる空気がある。自分たちのオリジナルな世界観を追求していて、SNSに流れてくる写真を見ればすぐにそのブランドだとわかります。規模を追いすぎず、地球環境を含めたステークホルダーのことを大切にし、「エシカル(=倫理的)」であることを忘れない。そして俗に言う、「広告」はほとんどしていない。コンビニに並んでいるわけでもないので、まだまだ「知らないブランドだ」と思う人もいるかもしれません。でも、こういったブランドたちが、これからの社会をつくっていくのだろうと確信しています。

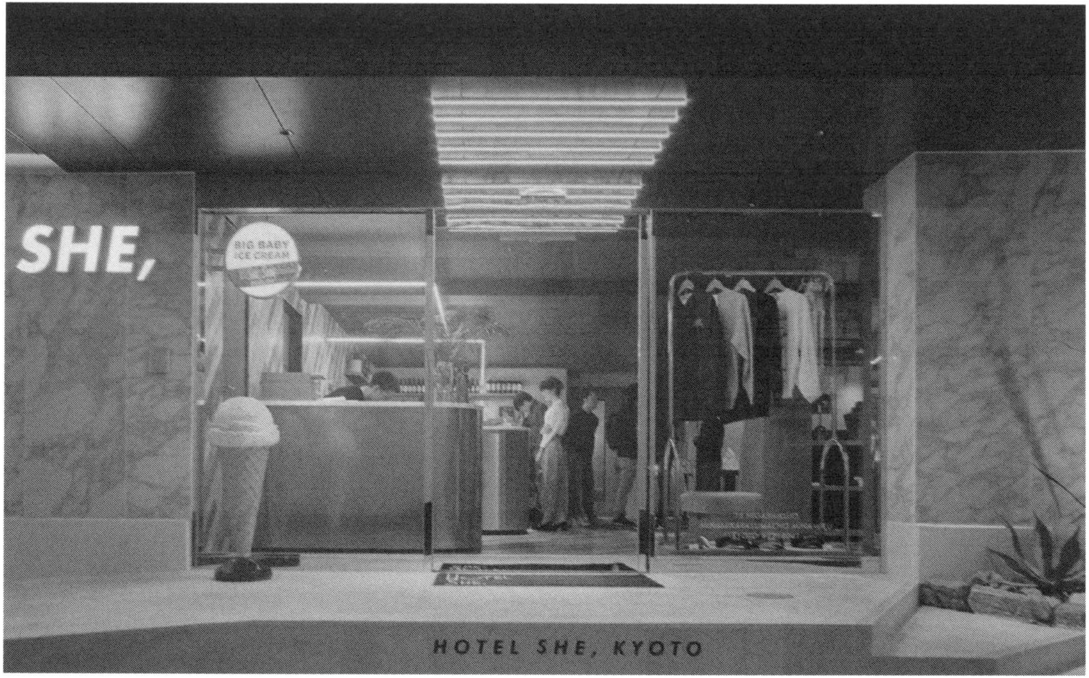

HOTEL SHE, KYOTO

#参考事例

最果ての旅のオアシス／HOTEL SHE,

大阪と京都に拠点を構えるHOTEL SHE,は、約半数の宿泊者がInstagramをきっかけに訪れているそうです。公式アカウントの洗練された世界観と発信力は言わずもがなですが、注目すべきはそのUGCの多さ。独自のコンセプトに基づいたオリジナルな世界観があり、思わず伝えたくなる良さが詰まっています。宿泊客が写真を投稿し、その写真を見た人が次の宿泊客になる、そんな理想のサイクルができあがっています。象徴的なのは、すべての客室に置いてある「レコードプレイヤー」。見た目がかわいいこともありますが「レコードを使ったことがない」人も多い世代に対し、「話したくなる」体験を生み出しています。オーナーである龍崎翔子さんは「ホテルはメディアである」と語ります。「文化」を発信し、見た人に気づきがある「雑誌のような存在」を目指しているとのこと。これまでも、多くのアーティストやブランドとコラボレーションや、ファッションブランドとしても展開、コロナ禍における様々なアクションも、ミレニアル/Z世代を虜にしています。

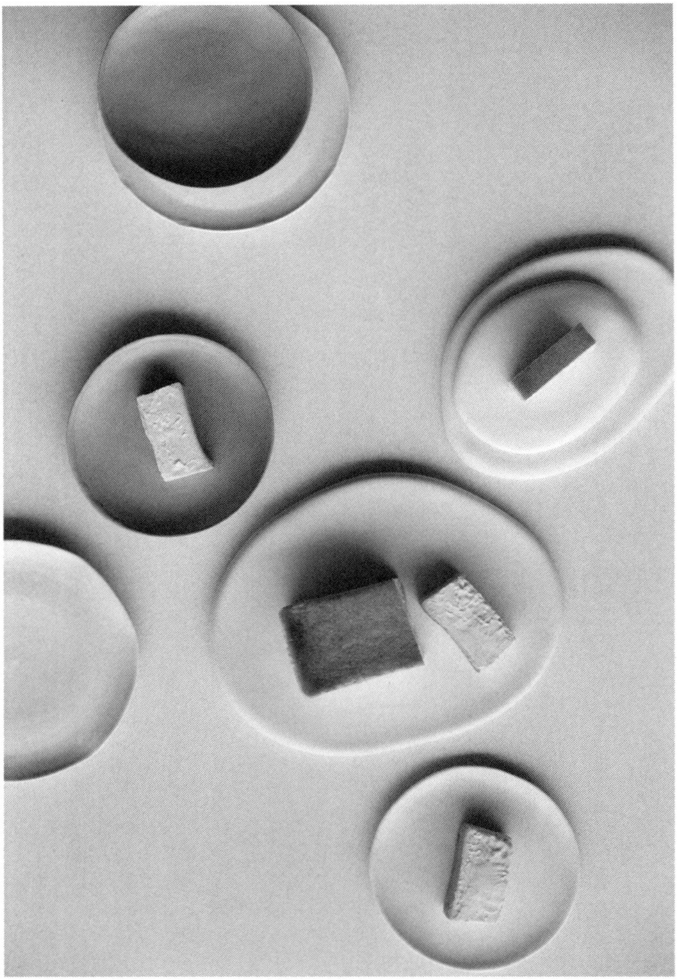

#参考事例

人生最高のチーズケーキ／Mr.CHEESECAKE

Mr.CHEESECAKEは田村シェフがつくる通販専門(D2C)のチーズケーキです。上品でありながらどこか親しみやすさのあるブランドで、兎にも角にも「味がおいしい！」という購入者の口コミが絶えません。販売は(ネットにもかかわらず)日曜/月曜の10時のみで、毎週すぐに完売してしまいます。ブランドのはじまりは、田村シェフが厨房でつくったケーキをInstagramに投稿したところから。そのときは事業計画や数値目標などは全くなかったはずです。購入者があまりのおいしさにシェア、それを見た人たちから「買いたい！」という声があがってしまい、働いていたレストランを辞めてチーズケーキに専念しはじめたそうです。今も変わらず広告費は0円。それでもファンが増え続け2020年末にはセブン-イレブンとのコラボ商品が全国で発売され大きな反響を呼びました。2018年4月5日の初投稿から、たったの2年半。SNSからマスまで届く可能性を証明した、エポックとなるブランドです(本当においしいのでぜひ)。

12/+=
JU-NI.
Engineering for Haircare
[Kimura Soap]
12/+=
JU-NI.
Engineering for Haircare
[Kimura Soap]
Shampoo | Type-A
500ml

#参考事例

大正13年創業の令和ブランド／木村石鹸

木村石鹸は、大正13年創業、90年以上の歴史を持つ老舗企業。『12/JU-NI』というシャンプー・コンディショナーをクラウドファンディングにて発売したところ達成率1699%を記録。商品を手にした人たちはその感想をSNSへと投稿しファンの輪が広がっていきました。ブランドサイトを開くと「※少し長いページですが、髪に悩んでいる方はぜひじっくり読んでみてください。」と体温を感じる口調で12/JU-NIの誕生と思いが記されています。また、「万人向けではありません」ということも丁寧に伝えていて、「正直さ」にこだわる姿勢も共感を呼んでいます。製造背景までも共有するコミュニケーションなど、まさにつくり手の顔が見え、声が聞こえる企業です。ボディケア・ハウスケアのシリーズ『SOMALI』や、新商品のボディスクラブ『goomoo』にも注目が集まっています。由緒ある老舗であっても、令和という時代にアップデートし続けることができることを証明しているものすごいブランドだと、いつも刺激をもらっています。

foufou
an alternative for your best consumption

#参考事例

健康的な消費のために／foufou

この1,2年でfoufouというファッションブランドをSNSでよく見かけるようになりました。マール・コウサカさんが手がけるブランドで、その美しいフォルムにいつも目を奪われてしまいます。新作を紹介するシンプルな動画がツイートされると、3.3万いいねがつき、66万回再生されるほど。LINE@やSNSを活用しながら、基本的にはオンラインストアでの販売ですが、瞬く間に完売してしまいます。コウサカさんは「物の背景やストーリーの前に、『純粋にこれが着たいと思えるか』を大事にしています」と語られています。ただただ「良いもの」をつくり、ファンとコミュニケーションをとり、ブランドをつくっていく姿勢は、ミレニアル世代らしい、新しいブランドづくりのあり方だといつも学ばせてもらっています。

Minimal
Minimal
SAVORY
FRUITY
SEASONAL

#参考事例

引き算の哲学から生まれた、新しいチョコレートのおいしさ／Minimal

Minimal（ミニマル）は、「Bean to Bar=豆の選別・仕入れから加工・製造・販売まで一貫して行う」スペシャルティチョコレートブランドです。都内に2店舗と工房を構え、ECでの販売を行っています。人気商品は完売続出。ファンの声がSNSにいつも投稿されています。創業者の山下さんは、自らの足で赤道直下の農家を訪れカカオ豆を調達し、現地の人々と協力して品質を強化。その様子から工房で職人達が手仕事で仕上げたスイーツが店頭に並ぶまですべての過程を語れるのは、「Bean to Bar」の思想ならではだと言えます。こうしてできあがった商品は、世界最高峰のチョコレート品評会で日本初の部門別金賞を含み5年連続63賞を受賞するほど。また、特筆すべきは徹底したものづくりと同時に築き上げたブランド力です。「チョコレートを新しくする」というビジョンを徹底して磨き上げたMinimal。なんとローンチからの3年間、広告費0円で1500以上の媒体に取り上げられたそうです。ブランドについての思想や、商品づくりの裏側は、メディア露出に止まらず、Minimal公式サイトや山下さん自らのSNSでも発信されています。

コラム③

ブランドはつくれない。

「どうやったらブランドはつくれるのか?」という問いに対しては、「ブランドはつくれない」という答えに行き着いてしまいます。正確には、ブランドは「つくろうと思ってつくれるものじゃない」という意味です。ブランドとは結局のところ、「マーケティングノウハウ」から生まれるものではなく「情熱」から生まれるものだと思うのです。とにかくいいものをつくりたい、美しいものを生み出したい、意味のある生き方をしたい。そういった「人間的な衝動」からしか生まれないものです。

言い換えれば「ブランドをつくりたい」ではなく、「いいものをつくりたい/届けたい」という思いそのものが、自然と「ブランドと呼ばれるもの」に置き換わっていく、ということだと思います。そこに小手先の技術はあまり存在しないようです。近道も裏道もなく、「地道」という道しかありません。

ブランドづくりにおいて、事業計画書やKPIといった、数値的逆算は必要なプロセスではあると思いますが、それ自体はどこまでいっても「付属的な要素」です。その人にしか見えていないオリジナルな未来を追求するほかありません。それはとても非線形的なので、他の人には見えないものです。だからなかなか説明もできないし、「馬鹿げてる」と思われるかもしれません。

改めて、先ほどのポン・ジュノ監督の言葉に戻りますが、最も個人的なことは、最もクリエイティブなことです。結局のところ、固有的=オリジナルなものは、個人的な「何か」なのだと思います。情緒や情熱や愛情といった極めて「個人的な」ところから生まれるものです。

自分の中にある大切な「何か」に耳を澄ませること。その「何か」の言葉に従い行動すること。社会で飛び交う言葉の、99%がただの雑音です。兎にも角にも「自分の中にある衝動を大切にして、つくりたいものをつくるべく行動する」、それこそがブランドをつくるための唯一の道なのだと思います。

第五章

ブランドパーパスの追求

この数年で、日本でも「ブランドパーパス」という言葉を耳にするようになりました。企業が追求すべきものは「パーパス=目的/存在意義」であり、それこそがブランドをブランドにしていく、というような思想です。「意味を失った時代」だからこそ、その「意味」を見出せる組織こそが生き残っていきます。個人的にはとても賛成している流れであり、日本でも、この「パーパス」の重要性がもっと広まれば……という願いを込めて書いていきます。

PURPOSE DRIVEN

「ブランドパーパス」=「ブランドの意志」の追求を。

ブランドパーパスは、よく「ブランドの存在意義/意味」と訳されますが、個人的には「ブランドの意志」という言葉がしっくりきます。海外では以前から頻繁に使われている言葉ですが、日本ではまだそれほど浸透していません。あらゆるサービスがコモディティ化してしまったこの社会で、企業やブランドの「オリジナルな存在意義」をつくり出すことは簡単なことではありません。「スペックを上げる」「便利にする」「安くする」「規模を拡大する」、そういった目標ではなかなか「意味」を見出せない社会です。さらに言えば、「自分以外の誰か」にできる仕事にモチベーションを感じることは難しいものです。人間的な衝動、文化的な活動、世界平和への貢献、倫理的な正しさ。そのような「良い社会をつくることに貢献した」と、心から思えるような仕事を通じて、「その組織でなければならない存在意義=パーパス」を見出していく必要があります。

これからの時代のキーワード

便利 ⟶ 意味

安価 ⟶ 適正

物質 ⟶ 精神

文明 ⟶ 文化

効率 ⟶ 倫理

労働 ⟶ 活動

意味を失った時代の「意味ある仕事」とは。

繰り返し書いてきましたが、現代は「物質的な豊かさ」がある程度達成された社会です。その結果、「人々の暮らしにおける課題」はもうほとんど残っていません。エアコンをつくり、冷蔵庫をつくり、洗濯機をつくり、車をつくり、PCをつくっていた時代とは違い、イノベーティブな製品は、もうそれほどは生まれない社会なのだと思います。「停滞の谷底」ではなく、「成熟の高原」に立っている私たちは、「役に立つ」ではなく「意味のある」仕事をつくりだしていく必要があります。それは例えば、「物質的な豊かさ」ではなく、「精神的な豊かさ」を問い続けることです。それは例えば、危機的な地球環境問題へのアプローチであり、人種差別、貧困問題、ジェンダー平等といったような「社会課題」を解決することに力を注ぐことです。そういった「意味」を追求できる人材・組織が、より活躍していく社会になっていくのだと思います。

“私たちは環境を改善するための仕事をしているのですから、お客様に「購買はよく考えてから」と奨励しないことの方が偽善なのではないでしょうか。環境への悪影響を削減するためには、環境により配慮し、およぼす害のより少ない方法で製品を製造するだけでなく、私たち全員が消費を減らさなければなりません。一方、健全な経済が基盤にすることができるのは人びとが必要としないものをより多く売買することだと思い込むのは、愚かなことです。そしてそれを愚かだと思う人びとは、その意見を述べるときなのです。”

（パタゴニアの公式ブログより）

#参考事例

このジャケットは買わないでください／パタゴニア

「ブランドパーパス」という言葉が広がる前から「社会的責任」を追求してきた会社の一つがパタゴニアです。ビジネスをしながらも、その環境負荷を常に問い続けてきました。その象徴的なメッセージの一つが、2011年のニューヨーク・タイムス紙に掲載された新聞広告「DON'T BUY THIS JACKET.」というものです。「このジャケットを買わないで」というキャッチコピーの広告に、自社のジャケットの写真を掲載している。その意図は「我々も社会の資源を使っている。だからこそ、そのことをよく考えて購買してほしい」というものでした。通常の広告ではあり得ない「購買を控えよう」という社会問題を提起したブランドメッセージは大きな反響を呼び、パタゴニアの理念を普及させることに成功しています。パタゴニアの現在のビジョンは「私たちは、故郷である地球を救うためにビジネスを営む。」であり、このようなパーパスに共感するファンに、今もパタゴニアは支えられています。

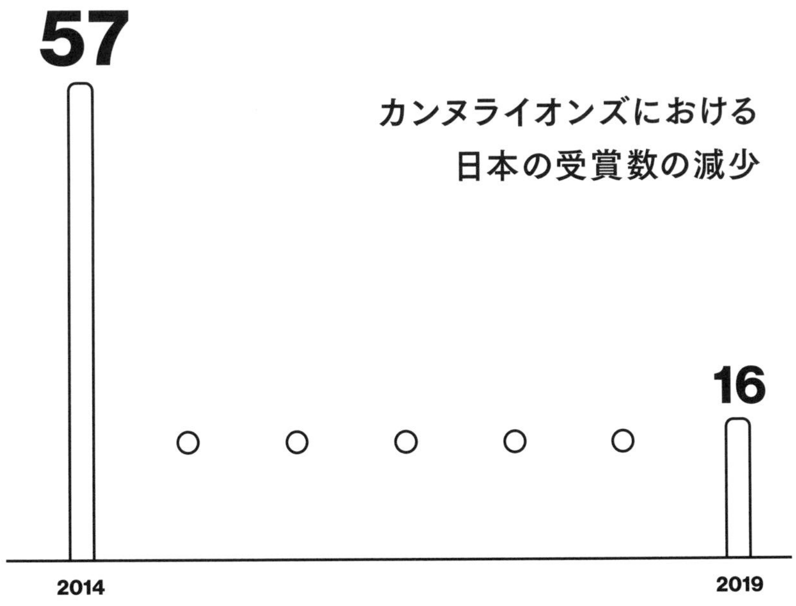
57
カンヌライオンズにおける
日本の受賞数の減少
16
2014
2019

世界の広告はすでにゲームチェンジしている。

世界でもっとも権威ある広告賞の一つである「カンヌライオンズ」においても「パーパス」が重視され、それを体現したコミュニケーションやアクションがより評価されるようになりました。19年のカンヌライオンズはその受賞作の7割ほどが「パーパスを追求したクリエイティブ」だったと言われています。ジェンダー、人権、政治、環境破壊などの社会課題に企業が向き合い社会に良いインパクトを与えたかどうか。この潮流の中で、日本の受賞数は減少しています。2014年には57の受賞をしているのに対し、19年は16ほどとなりました。かつてカンヌライオンズが「クラフト力」や「テクノロジーによるクリエイティブ」などを重視していた頃、日本は受賞の常連国の一つでした。しかしこの「パーパス=社会性の追求」というテーマに関して日本は遅れを取っているように思います。もちろん広告賞がすべてではありません。しかし、「広告におけるパーパスの追求」というテーマに関しては、日本でももっと議論され、追求されるべきものです。

Is it Meaningful?

それって、本当に意味あるの？

もう一つ、世界の広告を語る時に使われる言葉に「ミーニングフルかどうか」というものがあります。パーパスと近い言葉ではありますが、より「その活動に社会的な意義・意味があるか」というニュアンスがあります。「ただ売上が伸びればいい」という独善的な価値観ではなく、世界や未来にとっていかに意義のある活動になっているか。そんな「高い視座」や「美意識」が求められています。もちろん売上がなければ組織は継続しないですし、慈善活動では事業は成り立ちません。しかし社会が変化し、「意味のある活動」を行っていけば、ファンが集まり、ブランドが強くなり、きちんと売上に結びついていく、そんな「サイクル」が生まれる社会が生まれつつあります。「(短期的な)売上が伸びたかどうか」「KPIを達成したかどうか」といった数値的な議論だけでなく「そのコミュニケーションには意義があったか」「その企業アクションは社会を前へと進めただろうか」、そういった議論がもっと為される必要があるのだと思います。

“高次のブランド理念を追求し、正しいことをすれば、数字の面でも好結果を得られる。この一見すると意外な事実を理解したブランドこそ、それぞれの業種で市場に君臨し、新しい市場を切り開き、長い目で見て最も大きな利益を手にできる。”

『本当のブランド理念について語ろう「志の高さ」を成長に変えた世界のトップ企業50』
ジム・ステンゲル著（CCCメディアハウス, 2013年）

「慈善活動」ではなく「ビジネス」になっていく仕組み。

なぜ世界の広告やマーケティングは、「パーパス」「ミーニングフル」といった社会性を追求するコミュニケーションへと変化したのか……。それは決して「社会奉仕」「慈善活動」などではなく「マーケティングとして機能する」からだとも言えます。『本当のブランド理念について語ろう』では、パーパスとは「人々の生活をより良いものにすることを目標・理念とする」ことだと述べ、そのような「理念を追求する企業」はそうでない企業に比べて「長期的な成長度が高い」という調査結果を示しています。「倫理的に良いことをしている企業」を選ぼう、商品を買おう、応援しよう、そんな「生活者の意識」から、先に変わってきています。「倫理観」の伴った「社会的な理念の追求」が、きちんと売上に結びつき、「ブランドの成長」にも寄与していく。そんな「理想」の社会に、(ちょっとずつですが)近づいているのだと思います。

“(ミレニアル世代/Z世代)この2世代が共有するのは、圧倒的にリベラルかつプログレッシブな価値観だ。人権を大切にし、性のアイデンティティはより流動的で、また、所得格差の是正や健康保険、福祉や環境問題対策において、政府はより大きな役割を担うべきだと考え、新自由主義とは立場を異にしている。ただ一方で、彼らの描く長期的な将来図は明るくはない。学生ローンを抱え、自分の金銭的な将来と地球環境の未来に不安を感じている。政治や政府に対する不信感は強く、怒りを抱えている。前の世代より鬱や不安障害を経験する確率が高い。”

『Weの市民革命』佐久間裕美子著（朝日出版社, 2020年）

「バリューベースド・コンシューマー」の出現。購買という投票。

商品を買うときに「スペックで選ぶ」のではなく、その企業の「倫理」や「姿勢」で買うものを選ぶ、そんな人たちを「バリューベースド・コンシューマー」と呼ぶそうです(佐久間裕美子さんの『Weの市民革命』で知りました)。そのような思想を持つ「ミレニアル世代/Z世代」は、上の世代がつくってきた「地球環境や社会問題を顧みないシステム」に怒り、呆れている世代でもあります。アメリカは若者の人口が多いため、ビジネスにも大きな影響を与えています。「購買」とは、そのブランドを応援する「意思表示」にもなり得ます。特にこの時代、それを「SNSでシェアする」ことを通じて、社会に意見を伝えることも可能です。日本は超少子高齢化社会でもあり、まだまだその影響は強くありません。しかしSNSを中心に「差別発言をする企業」の購買を控えようとする「SNSデモ」が行われたり、逆に「人種差別撤廃を目指す企業」を応援する声があがるようになってきています。その流れはこれからも続き、より加速していくはずです。

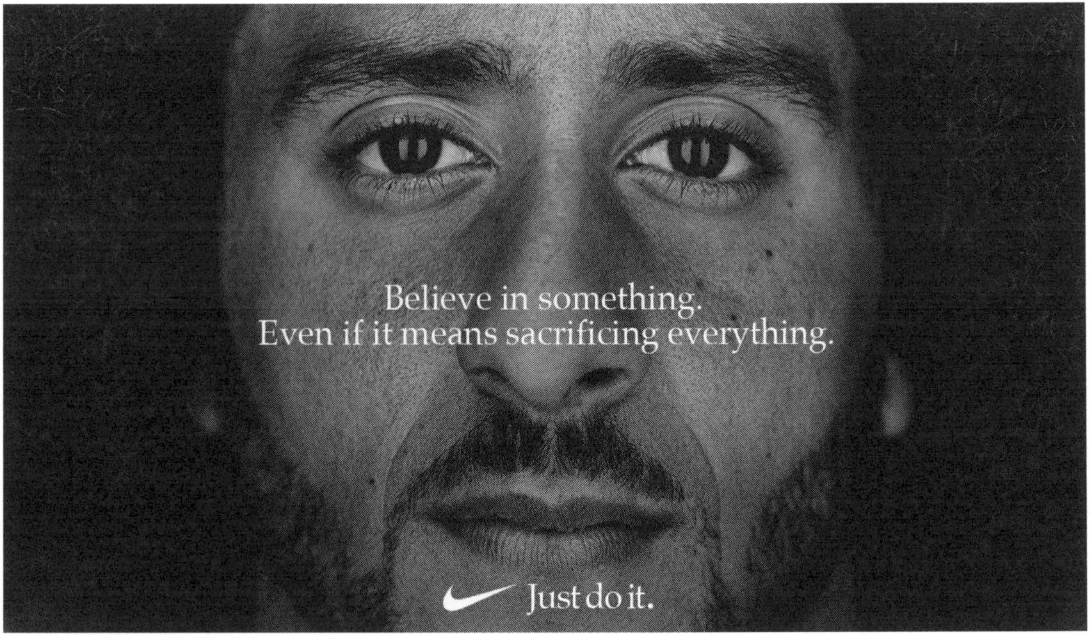
Believe in something.
Even if it means sacrificing everything.
Just do it.

#参考事例

何かを信じろ。たとえそれがすべてを犠牲にすることを意味しても／NIKE

NIKEは以前から人種差別やフェミニズムに関するメッセージを発信してきた企業です。2018年には、アメリカンフットボールのコリン・キャパニック選手を起用したブランド広告を発表しました。キャパニック選手は、人種差別の横行する国に忠誠は誓えないという意志から、国歌斉唱を拒否しリーグから事実上追放されていました。その選手を「ブランドの顔」として起用したことで、広告は批判の的となり、NIKEの製品を燃やす動画がSNSにアップされました。しかしその後、「人種差別に反対する人々」がNIKEを支持する運動が生まれ、結果として売上や株価にも良い影響を及ぼしたそうです。反対する人がいることもわかっていただろうし、実際に賛否が多くありました。それでも「自分たちは(より良い社会のために)このメッセージを発信すべきだ」という、ブランドの意志のもとに世に出たプロジェクトです。コピーにあるように、たとえそれがすべてを犠牲にすることを意味しても、やることを判断したのだろうと想像します。

Photo: ©NIKE

ケリングの取締役員にエマ・ワトソンが就任
持続可能性委員会の議長を兼任

#参考事例

アクティビストのエマ・ワトソンがケリングの取締役に／ケリング

2020年の衝撃的な企業アクションの一つに、エマ・ワトソンがグッチなどを運営する「ケリング」の取締役になったという人事発表がありました。エマ・ワトソンは、俳優として世界的に有名ですが、フェミニズムや環境保護に取り組む「アクティビスト」としての活躍も知られていました。従来の古き「広告的発想」であれば「エマ・ワトソン」を「広告塔」として起用して、ブランド広告をつくったはずですが、ケリングはそのような短期的な取組みは意味を為さないと考えたのではないかと想像します。もっと長期的に、より本質的に、「社会の課題に向き合う」必要性を考えた結果、「取締役」という企業の根幹にエマ・ワトソンを抜擢したのではないかと思います。そして実際、このブランドアクションは世界的に話題となり、ケリングの目指すビジョンを示す「広告としても機能した」ものとなりました。

Photo: Dia Dipasupil / getty images
参考: FASHIONSNAP.COM https://www.fashionsnap.com/article/2020-06-17/kering-new-boardmember/

第六章

Social Attachment

「Social Attachment=ソーシャルアタッチメント」という言葉は、一般的なものではなく、この仕事をする上で、僕がよく使っている言葉です。「ブランドと社会の接地点を探す」「ブランドと社会を紐づける」というような意味合いであり、今その必要性・必然性が高まってきていると実感しています。そしてどのようなブランドであれ、必ずその「接地点」が存在しており、それらを探し、より強く深くつなげていくことこそが我々の仕事なのだと考えています。

We're in
business
to save
our home
planet.
patagonia
2018 environmental + social initiatives

#参考事例

私たちは、故郷である地球を救うためにビジネスを営む。／パタゴニア

2018年ほどからパタゴニアが掲げているミッションステートメントですが、もう「あらゆる組織」のミッションにしてしまってもいいのではないかと思うほど、強く、本質的なメッセージだと思います。地球環境悪化、人種の壁、ジェンダーやマイノリティへの分断……、私たちが暮らすこの社会にはまだまだ多くの問題があり、課題は山積みです。個人だけでなく、企業やブランドとしても、そういった課題に本気で向き合うタイミングに来ています。社会に対してより広い関心を持ち、その複雑な社会文脈を読み取り、企業やブランドの事業に関するドメインで貢献すること。正しい倫理観を有し、言葉だけでなく、きちんとアクションで示していくこと。そういった姿勢が、組織の運営における最低限のモラルになっていくのだろうと思います。

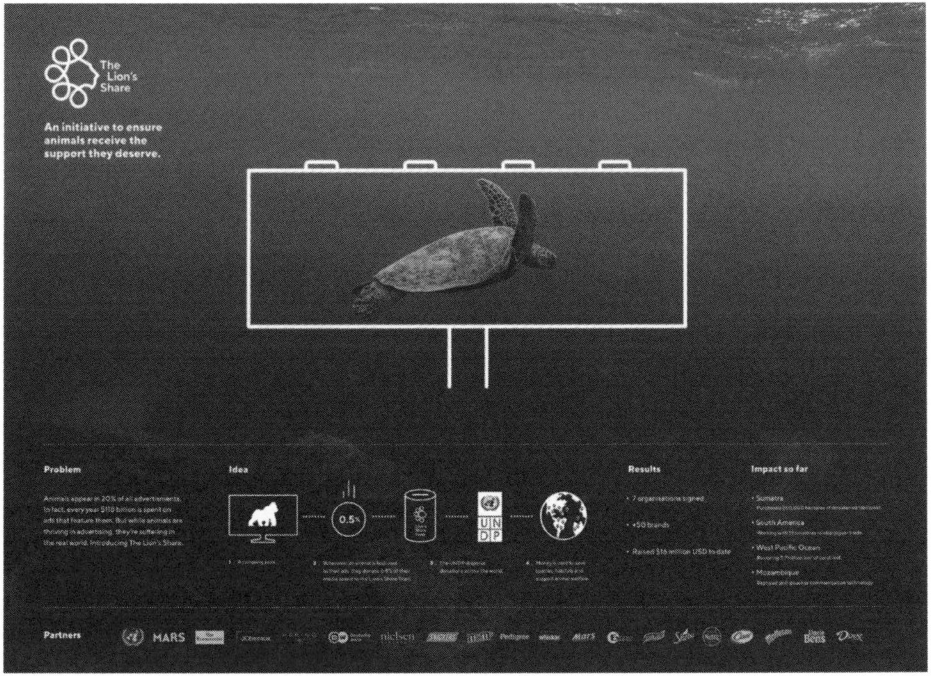
The Lion's Share
An initiative to ensure animals receive the support they deserve.
Problem
Animals appear in 20% of all advertisements. In fact, every year $110 billion is spent on ads that feature them. But while animals are thriving in advertising, they're suffering in the real world. Introducing The Lion's Share.
Idea
0.5%
UNDP
Results
• 7 organisations signed
• +50 brands
• Raised $16 million USD to date
Impact so far
• Sumatra
• South America
• West Pacific Ocean
• Mozambique
Partners
MARS

#参考事例

動物を使った広告をする度に、動物たちに寄付／Mars,Incorporated

The Lion's Shareは、世界最大の獣医療グループであり、ペットフードメーカーであるMars,Incorporatedのプロジェクトです。広告全体の約20％には動物が出演していますが、動物はその恩恵をほとんど得ておらず、その多くが絶滅の危機に瀕しています。そこで、動物の画像を広告に使用した企業は、そのメディア費の0.5%を保護基金として寄付するというプログラムを開発しました。すでに約12億円の寄付が集まっており、絶滅危惧種や野生動物生息地の保全などの活動に使用されているそうです。社会課題への取組みは、短期的な広告では難しいものであり、広告やマーケティングの予算を長期的な「プロジェクト」として展開することが求められます。様々な課題が顕在化しているこの社会において、それぞれのブランドのドメインにあった社会へのコミットメントが求められています。

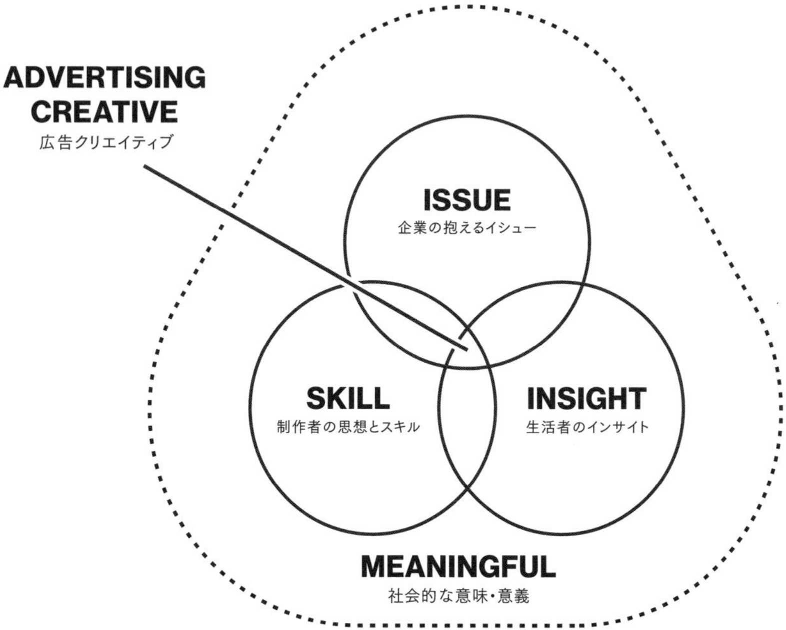
ADVERTISING
CREATIVE
広告クリエイティブ
ISSUE
企業の抱えるイシュー
SKILL
制作者の思想とスキル
INSIGHT
生活者のインサイト
MEANINGFUL
社会的な意味・意義

企業と人とつくり手と「社会」の交点を見つける仕事。

「広告クリエイティブ」という仕事は ①企業の抱えるイシュー(ISSUE)、②制作者の思想とスキル (SKILL)、③生活者のインサイト(INSIGHT)の「三つの交点」を実現するような仕事でした。その接合が鮮やかであるほど良い広告コミュニケーションになり得ます。しかし近年はそこに、「④MEANINGFULL=社会的に意味があるか」というものが追加されたと考えています。当たり前ですが、その四つを同時に実現することは簡単なことではありません。まさに針の穴に糸を通すような仕事です。だからこそやりがいがあり、広告クリエイターの腕の見せ所でもあります。「もともと広告とはそういうものだった」と言われそうですし、その通りなのですが、④の必要性が年々高まってきているという実感があります。これからの「広告クリエイティブ」を担う人たちは、より一層広く深い社会課題への理解と意識が求められていくことになります。

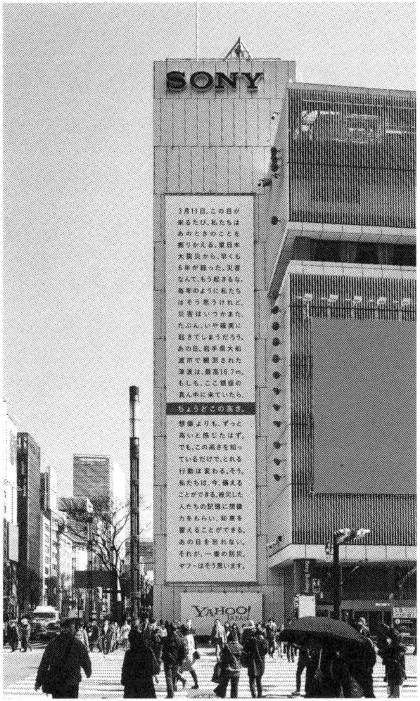
SONY
3月11日。この日が
来るたび、私たちは
あのときのことを
振りかえる。東日本
大震災から、早くも
6年が経った。災害
なんて、もう起きるな。
毎年のように私たち
はそう思うけれど、
災害はいつかまた、
たぶん、いや確実に
起きてしまうだろう。
あの日、岩手県大船
渡市で観測された
津波は、最高16.7m。
もしも、ここ銀座の
真ん中に来ていたら、
ちょうどこの高さ。
想像よりも、ずっと
高いと感じたはず。
でも、この高さを知っ
ているだけで、とれる
行動は変わる。そう。
私たちは、今、備える
ことができる。被災した
人たちの記憶に想像
力をもらい、知恵を
蓄えることができる。
あの日を忘れない。
それが、一番の防災。
ヤフーはそう思います。
YAHOO!
JAPAN

3月11日。この日が
来るたび、私たちは
あのときのことを
振りかえる。東日本
大震災から、早くも
6年が経った。災害
なんて、もう起きるな。
毎年のように私たち
はそう思うけれど、
災害はいつかまた、
たぶん、いや確実に
起きてしまうだろう。
あの日、岩手県大船
渡市で観測された
津波は、最高16.7m。
もしも、ここ銀座の
真ん中に来ていたら、
ちょうどこの高さ。
想像よりも、ずっと
高いと感じたはず。
でも、この高さを知っ
ているだけで、とれる
行動は変わる。そう。

#参考事例

ちょうどこの高さ。／Yahoo!JAPAN

日本におけるブランドアクションの事例で、Yahoo!JAPANの防災に対する取組み「ちょうどこの高さ。」があります。「16.7メートル」という東日本大震災で実際に起きた津波の高さを、縦長の屋外メディアをうまく活用し銀座/渋谷という場所で体感することを実現しました。実際に僕も渋谷で見ましたが、その高さに圧倒されたことを今も覚えています。コピーも、シンプルなデザインもすばらしく、日本を代表するブランドアクションだと尊敬している仕事です。ヤフーはこの取組み以外にも、検索を使った寄付の取組みや「防災ダイバーシティ」といったプロジェクトなど、一貫して防災への取組みを行ってきた企業です。「検索」というサービスを防災という社会課題と接地させて生活者とつながっていく。こういったブランドアクションが増えていけば、広告がより良い社会に貢献していける、そんな希望をもらえるような仕事です。

https://bosaidiversity.yahoo.co.jp/

JUST BE

#参考事例

時代はいつもあなたから変わる。／SPUR

雑誌『SPUR(集英社)』は、2019年の国際ガールズデーに、「生理用ナプキン」をテイクアウトできるOOHを掲出しました。なかなか表で話にしづらい空気がある「生理のタブー」からの解放(=UNTABOO)を訴求したコミュニケーションでした。渋谷に一箇所しか掲出されていないにもかかわらず、SNSやWEBメディアを通じてすぐに拡散し、実際にナプキンを手にした人たちがSNSに投稿していきました。特に、男女の不均衡や女性が受ける不条理に対し、普段から声をあげている人たちが、渋谷まで取りに行く光景も見られるなど、寄り添うべきユーザーとの接点となったことは間違いありません。ブランド(企業)が社会課題を共有し、発信していくことで、共感を生んだブランドアクションの好例となりました。

Orion
WATTA
STRONG
ワッタ
ストロング
9
お酒
フルーツシークヮーサーMIX
スピリッツ(発泡性)① ALC.9% 果汁0.3%
オリオンチューハイ
Orion
CHU-HI
WATTA
STRONG
ワッタ
ストロング
ドライ
DRY
お酒
シークヮーサー
スピリッツ(発泡性)① ALC.9%
オリオンチューハイ

#参考事例

売れ筋ブランドを廃止／オリオンビール

オリオンビールは2019年12月、売上の4割を占めていたアルコール度数9％のストロング系チューハイの生産を停止しました。アルコール依存症の人が増え、社会問題化していることを知ってから、たった1ヶ月での決断だったそうです。オリオンビールの早瀬社長が英断に至ったのは「ぬぐい切れない罪悪感」が理由とのこと。「人を、場を、世界を、笑顔に。」というミッションを遂行するためには、つくりたいものをつくるのと同じくらい、「つくるべきでないものはつくらない」という姿勢も必要だったのだと思います。誰だって、目の前の利益に目が眩んでしまいそうなものですが、長期的な目線に立ってサスティナブルな社会をみんなでつくらなければ、あらゆるビジネスは死に至ります。そんな未来を見据えた、オリオンビールのブランドアクションは、きっと多くの人々に勇気を与えるものだっただろうと想像しています。

吉野

#参考事例

移動販売車「オレンジドリーム号」による炊き出し／吉野家

みなさんお馴染みの「吉野家」は、災害時などには移動販売車「オレンジドリーム号」が出動し、牛丼などを提供しています。東日本大震災では10万食以上が提供されたそうです。2019年の千葉の大雨の際にも、出動しており、SNSには多くの感謝の声が投稿されていました。また阪神淡路大震災の時にも「炊き出し」などを行っており、つい先日も「真っ暗になった街で避難所の配る弁当を貰って暮らす中、初めて炊き出しに来てくれたのが吉野家だった」というSNSの投稿が7.5万いいねされており、こういった「社会的に意味のある企業活動」がきちんと広まるようになっています。「食に携わるものとして食事に困っている時にはお役に立ちたい」という広報の方の言葉にもある通り、決して広告として行っている取組みではありません。でも、「社会に対して何ができるか」という真摯な取組みが、勝手に「広告としても機能する」、そういう社会になりつつあります。

〔参考〕https://www.j-cast.com/2019/09/11367281.html

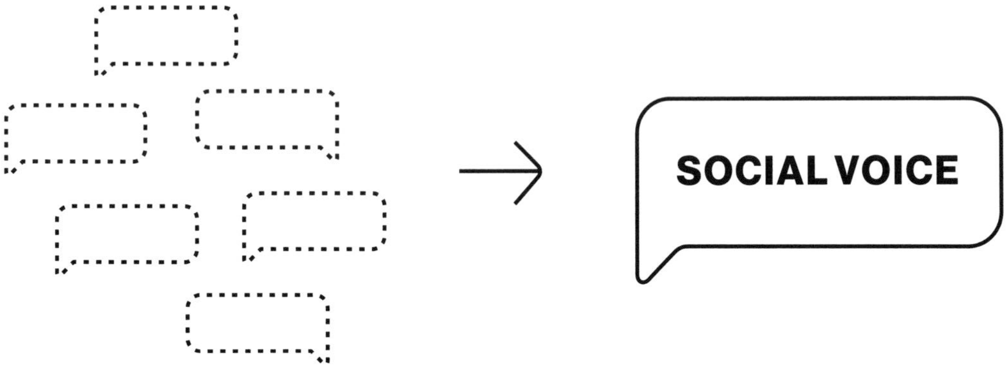
SOCIAL VOICE

社会に潜む小さな声(VOICE)を、「代弁」できるか。

ソーシャルアタッチメントを実現したコミュニケーションの成功の鍵は「代弁」だと考えています。社会に点在する不条理に対する内なる声に耳を澄ませ、その声を広告という拡声器を使って社会に届けていくことです。先述のSPURは「生理の存在をないものにするような社会への不満」を屋外メディアを駆使したコミュニケーションで代弁することにより、共感を得ることに成功しています。オリオンビールによるストロング系チューハイの生産停止も、社会の声を聞いての対応だっただろうと思います。ユーザーたちが暮らしの中で何に怒り、何を不満に思っているのか、何を不都合だと感じているのか。そういった物事に目を凝らし、耳を澄まし、ブランドとの接点を見つけ出し、拾い上げる。そういった姿勢が問われるのが、SNS時代のコミュニケーションだと言えます。

SNS AS TEXTBOOKS

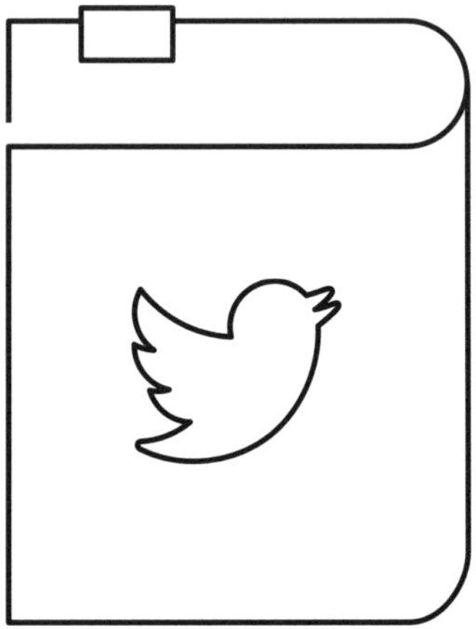

Twitterは、「社会文脈」を知り、学べる「教科書」になる。

社会文脈を知り、学ぶために、僕はTwitterを見ることを勧めています。今のTwitterは、社会課題の文脈がもっとも顕著に現れる場所の一つだからです。Twitterは個人の意見を表明しやすく、様々な課題に対する言及を知ることができます。人がどのようなことに理不尽さを抱き、不条理を感じ、怒っているのか。そういったことを意識的に見るようにし、様々な属性の人をフォローするようにすれば、多くの学びを得ることができると思います。もちろん本来は、Twitterに限らず、現実社会のあらゆるところで学ぶべきことです。職場の女性がどのようなことに不条理を感じるのか。若い人がどんなシステムに苛立ちを覚えるのか。常に社会の声に耳を澄まし、目を凝らし続けること。そして、社会に流れる多様な文脈を理解しようと努力すること。この時代の広告制作において、欠かせない重要なスキルになっています。

PINK WASH
GREEN WASH
SDGs WASH

WASH = 実態なき取り組みで、社会課題をビジネスに利用すること。

「Wash/Washing」という言葉があります。例えばGreen Washingは、環境配慮をしているように装いごまかすような行いへの批判です。実態が伴っていないのに、環境に配慮しているかのような欺瞞的訴求をする行為を指します。“安価な漆喰(しっくい)で取り繕う”という意味の「ホワイトウォッシング」からきているそうです。そこから発展し、ジェンダー(女性の受ける不平等)の場合を「ピンクウォッシュ」、その他のSDGsの場合を「SDGsウォッシュ」と呼ぶようになりました。実際、このようなケースは多くあるし、自分自身も「広告にしか携われないケース」は近いことを行っているという危機感を持っています。日本の多くの企業では「広告担当」と「SDGs担当」と「商品担当」が別のケースがほとんどであり、本質的解決の提案が難しいことがあります。それらを融合させ「本質的な課題解決」に取り組めるような構造改革も必要だと考えています。

“親愛なるクリエイティブコミュニティの皆さんへ。どうかこれ以上、アフリカン・アメリカンコミュニティをサポートしていることを言うだけの、話題づくりのためのアイデアを送ってこないでください。その代わりに、あなたの会社でもっとアフリカン・アメリカンの人々の雇用を進めてください。そして私たちの会社のダイバーシティプログラムを推進するために手を貸してください。広告ではなく、行動を。”

Fernando Machado／バーガーキング グローバルCMO
『2020年は、最悪の年なのか。最高の年なのか。』曽原剛（Adver Times）
https://www.advertimes.com/20200611/article316303/

広告よりも、行動を。もしくは「行動する」広告へ。

2020年、世界を動かした出来事の一つに"BLM(Black Lives Matter)"がありました。黒人の人権をより正しく保障する、差別のない世界にしていくためのデモアクションです。この運動には多くの企業が賛同を示しました。SNSのアイコンを黒にしたり、メッセージや広告を掲出したりと活動は多岐に渡ります。しかしその多くの企業は、役員の大半が白人であり「メッセージと実態が伴っていない」という強い批判がありました。そんな中で、バーガーキングのCMOによる上記の言葉は、広く共感を呼んでいます。「広告よりも行動を」この言葉は短くシンプルですが、とても本質的なものであり、広告の仕事をする自分にとっては耳が痛くなる言葉でもあります。しかし同時に、「正しい行動」は誰かが広げてくれる世の中です。つまり「行動こそがいちばんの広告になる」ということでもあります。「広告よりも行動を」この言葉は、広告に携わる人々が最も肝に命じなければいけないことであり、この本で最も伝えたい概念でもあります。

“CHIAT\DAYに行って間もない頃のこと。クリエイティブ部門の上司に「日本ではコピーライターは、企業のメッセージや、開発された商品をお客さんに伝えることがメインの仕事で、コピーライターは企業活動のアンカーと呼ばれるんだ」と話すと、彼は「何を言っているんだ。ライターはむしろ第一走者だろ。見たこともない風景には言葉が真っ先にたどり着く」と答えました。”

『未来は言葉でつくられる 突破する1行の戦略』細田高広著(ダイヤモンド社, 2013年)

まだない未来へは「言葉」が最初にたどり着く。

ただ、個人的な意見としては、「言葉にする」も立派なアクション(行動)の一つだと考えています。先日も、ある企業が「ジェンダー平等」に関する広告を出した際に、「役員が男性ばかりの企業が何を言うのか」という批判が多くありました。それはとても正しい批判です。しかしその広告を出さなかったら誰もその企業の役員比率など気にしていなかったはずです。その企業だけでなく、他の企業の役員も「自社の役員が男性ばかりで問題だ」と考えるようになるはずです。そういった流れを生んだだけでも、そのメッセージには大きな意味があったと考えます。逆に「全て実態を整えてからでなければ発信できない」のであれば、いつになるかわかりません。もちろん実態が大事であり、行動が大切なのは間違いありません。しかし、その実態をひっぱりあげるような、「未来をつくる言葉」をつくることも、私たちの大切な仕事だと思うのです。(TBWA＼HAKUHODOの細田さんの『未来は言葉でつくられる』、ぜひ読んでみてください)

コラム④

「炎上」は社会が前に進んでいる証。

近年、企業広告の「炎上」が目立つようになりました。なぜ「炎上」というものが増えたのか。よく聞かれることもあり、僕なりに意見をまとめてみます。

一つは、SNSインフラの確立により、人々の声が届くようになった結果です。マスメディアを中心とした時代には、マイノリティの声はなかなか届きませんでした。しかしSNS(特にTwitter)であれば、それぞれが発信することが可能であり、同じように不条理に苦しんでいた人たちの連帯により、その声を大きくすることができます。ようやく、そういった小さな声が届くようになったのです。僕はSNSの大きな功績だと考えています。

もう一つは、その社会の変化の速度に、広告のつくり手の意識変化が追いつけない、ということがあります。この10年でSNSは一気に普及しました。合わせて一気に「課題が顕在化」したのです。

しかし、つくり手たちに染み付いた意識は、そう簡単に変わるものではありません。「アンラーニング」が必要ですが、それが必要だという意識すら持っていない人が多くいるのではないでしょうか。しかし、ある意味ではそれは仕方のないことだとも言えます。長く積み重ねてきた価値観を変化させるのは本当に難しいことです。僕自身もたくさん失敗することがあり、その度に反省と後悔を繰り返しています。

このような変化に対して、僕たちが取れる対応は二つしかありません。「つまらない、世知辛い世の中になったなぁ」と嘆くのか、社会の変化に適応するように努力するかの二択です。この本を読んでくださっている方は、きっと後者をすぐに選ぶでしょう。仮に前者を選ぶとしたら、もう広告制作の仕事からは足を洗うことをお勧めします。

炎上が増えて社会が後退した、という言説も見かけますが、絶対にそんなことはありません。それらの炎上の多くは、今まで埋もれていた「声」の集積です。その声が届くようになった今の社会は、ちょっとかもしれませんが、前に進んだ社会なのだと思うのです。

第七章

Arts on Science

「アーツ」という言葉は、普段あまり馴染みのない言葉かもしれません(「リベラルアーツ」くらいでしょうか)。ここでいう「アーツ」は、俗にいう「アート」とは別の概念として使っており、言ってしまえば「人間的であること」だと考えています。令和という時代に、ブランドをつくることに関しても、社会との接点をつくることに関しても、この「アーツ」という言葉が、大きな鍵になっていくだろうと考えています。

"It was beautiful, historical, artistically subtle in a way

that science can't capture,

and I found it fascinating."

スティーブ・ジョブズ

サイエンスでは捉えられないもの。

スティーブ・ジョブズがスタンフォード大学で行ったスピーチで、最も有名なフレーズは「Stay Hungry, Stay Foolish」ではないかと思います。しかし、大学のポスターやカリグラフィ(文字のデザイン)を評価した際の上記の言葉も、とても強く印象に残っています。IT企業の世界のトップを走り続けてきたジョブズが「サイエンスでは捉えられないもの」をいかに大切にしていたかが伝わってきます。人間らしい衝動、感情、感覚、直感、ひらめき、感性。定量化や説明することのできない(もしくはする意味のない)ものたちです。今の社会は、ビジネスを中心にサイエンスが重視されている社会です。定量化や再現性の追求、論理的な説明、体系化したモデル。サイエンスは、ビジネスにおいてとても重要な役割を持ち、不可欠であることは間違いありません。しかしサイエンスで捉えられない人間的な衝動や感覚の重要さは、あまり認識されていないように感じています。サイエンスとアーツを、もっと融合させていくことが必要です。

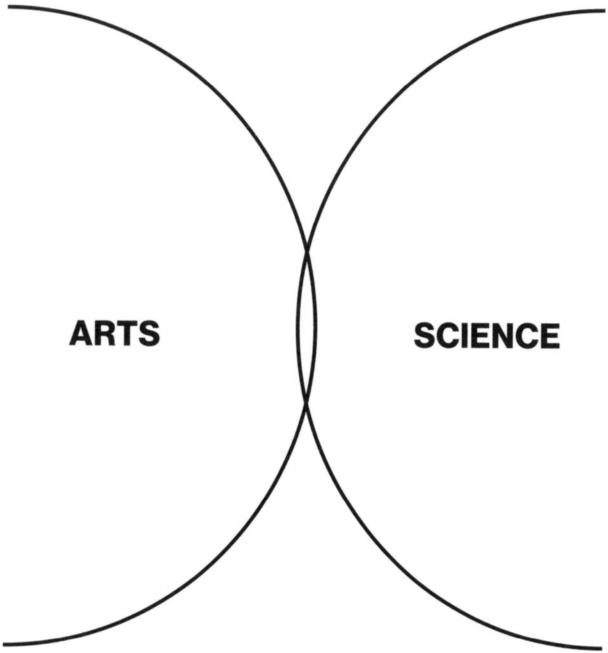
ARTS
SCIENCE

説明できない「アーツ」と、答えを追求する「サイエンス」の融合を。

この本では、「アーツ」と「アート」を別の言葉として捉えています。この「アーツ」は「芸術」ではなく、日本語で言えば「人文/文系」という言葉に近い概念です。例えばそれは人が持つ情熱、衝動、感覚、意志、理想、文化、ヒューマニズムといった概念です。先述の「サイエンスでは捉えきれない」人間的な何かです。サイエンスは答えを追求するものであり、立証・説明できることを目指します。しかしこのアーツは人間の感覚的なものであり、「説明しきれないもの」であることが往々にしてあります。サイエンスを重視しすぎた社会では、説明のつかないアーツを押し殺してしまうことになりかねません。極端に言えば「システムが先行」し、人の心がおざなりにされている、そういう状態です。もちろん、サイエンスという概念自体は大切なものなので、現状のサイエンスにアーツを付加していく、Arts on Scienceというような概念が必要なのだと考えています。

Science	Arts
過去起点	未来起点
KPI	パッション
ロジック	直感・感覚
前例主義	アイデア・閃き
線型的	非線型・ジャンプ
分析	創造・行動

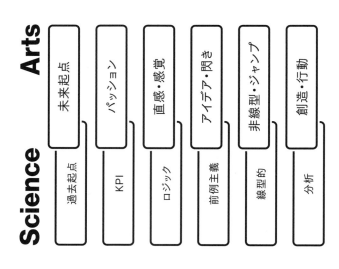

ビジネスに「アーツ」をインストールする。

決してサイエンスを蔑ろにしているわけではなく、「アーツという概念が足りていない」ことに危機感を覚えています。例えば、ビジネスパーソンの中で「自分はアーツに強い」と思える人がどれだけいるでしょうか。この仕事をしていても「私はデザインのことはわからないので」というセリフを聞くことは本当に多くあります。デザインや、意匠の美しさに関する言及を避ける傾向は確実にあります。自身も、大学・大学院まで理系だったこともあり、サイエンスの重要さはよくわかります。たまたま広告クリエイティブの世界に入り、デザインやコピーライティング、写真や映像による世界観の創出といった仕事に携わることでアーツというものの大切さと出会いました。ビジネスにおける「サイエンスでは捉えられない大切なもの」が確かに存在し、それは時に、ビジネスにおいても大きな効力を発揮するものです。広告クリエイティブの仕事の一つは、そのようなアーツを、ビジネスや社会にインストールしていくことでもあるのだと思うのです。

“何をする仕事なのか。いちばん削ぎ取った形で、掲げておく。

課題→アイデア→エクゼキューション

この方程式のすべてを考え、決定し、実行するのが、クリエイティブ・ディレクション
という仕事である。”

『すべての仕事はクリエイティブディレクションである。』古川裕也著（宣伝会議, 2015年）

アーツを軸に、行先を指し示す、「クリエイティブディレクター」という仕事。

クリエイティブディレクター(CD)は広告における職種の一つです。広告プロジェクトには、実に多くの人が関わります。コピーライター、デザイナー、CMプランナー、アートディレクター、映像ディレクター……、実に様々な職種がチームとなり、それらの全ての「総指揮をとる」のがCDの役目です。その文字通り「ディレクター」であり、進むべき方向(ディレクション)を指し示すことが求められます。また、そのような「大局の方向性」を決めることから、「細部のクリエイティブ=アウトプット」のクオリティを管理することも含まれるため、一般的に全ての制作物はCDを通して世に出ることになります。課題を発見し、アイデアを考え、アウトプットのクオリティをコントロールする。広告クリエイターはそのような仕事を何度も繰り返すことで、その思考と技術を身につけていきます。そして、一般的には、その仕事に精通した一部の人だけがクリエイティブディレクターを名乗ることができます。

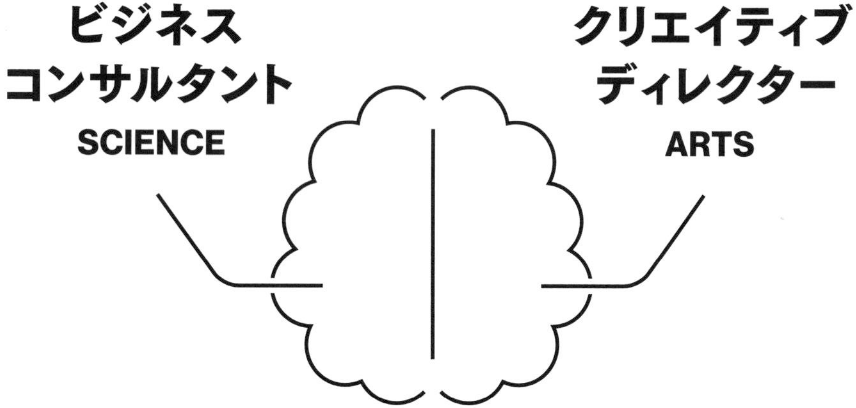
ビジネス
コンサルタント
SCIENCE
クリエイティブ
ディレクター
ARTS

左にコンサルタントを、右にクリエイティブディレクターを。

ビジネスにおける広告クリエイターは「アーツを担う仕事」だとも言えます。ビジネスの現場に「論理」だけでなく「感性」をインストールすること。過去の積み重ねではなく「ビジョン」を語ること。データだけでなく「パッション」を吹き込むこと。「前例主義」ではなく、それを脱却する「閃き」を大切にすること。便宜的な分け方で言えば、「右脳」を司る仕事です。よくビジネスにおいて「コンサルティング会社」が経営に入り込み、社長や役員の近くで戦略を考えることがあります。それと同じようにクリエイティブディレクターが経営に近づくことも重要だと考えています。以前、業界を代表するCDの佐々木宏さんが書いたコピーに「社長の横に、アートディレクターを。」というものがありました。企業の進むべきビジョンをサポートし、クオリティの高いアウトプットでその世界観を表現する。企業だけでなく、政治やNPO団体など、「あらゆる組織にクリエイティブディレクターがいる」、それが一つの理想形ではないかと思うのです。

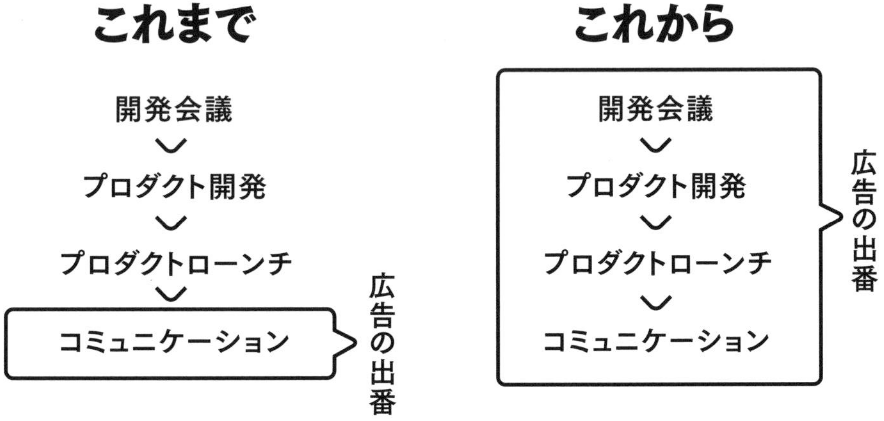
これまで
開発会議
プロダクト開発
プロダクトローンチ
コミュニケーション
広告の出番
これから
開発会議
プロダクト開発
プロダクトローンチ
コミュニケーション
広告の出番

広告クリエイティブを、ビジネスのあらゆるフェーズで。

これまで「広告(クリエイティブ)の出番」はビジネスにおける「後半」でした。クライアントの内部で商品企画会議があり、実際のプロダクト開発が行われ、それが完成した後に、広告代理店が呼ばれてオリエンを受け、広告の企画に取り掛かる、それが広告の一般的な仕事でした。しかしこの時代、広告クリエイターの仕事はより川上に入り込んでいくべき仕事になります。それは広告技術を使ってプロダクトやサービス開発、または企業経営そのものに入り込んでいくことです。例えば、これまでは「完成したクルマをよく魅せる」ことが広告の役割でした。しかしプロダクトのコモディティ化が進み、スペックによる差別化が困難になりつつあります。オリジナリティがないからこそ「広告による差別化」を依頼されることは実際に多くあります。それはそれで広告の一つの仕事ではありますが「最初から話題になるクルマ」をつくることに注力できたなら、より意味のある仕事になるだろうと思うのです。

CDが入り込むべき仕事

スタートアップの立ち上げ

プロダクト開発

企業経営

サービス開発

地方活性化

人事・採用戦略

NGO/NPOへの参画

街づくり

社会課題への取組み

コミュニティづくり

広告クリエイターは、もっと上流へ。もっと広野へ。

実際に「完成したクルマの広告をつくる」ではなく「広告的なエッセンスをクルマそのものにインストールする」というような流れは着実に増えつつあります。VUCA時代に、先が見通せなくなり、組織内部だけの商品・サービス開発に限界を迎えていること、同時にSNSインフラの確立が要因だと考えています。プロダクトそのものに「拡散したい」「応援したい」と思わせられる要素を付加できれば、ファンが自発的に拡散してくれるからです。広告クリエイターがこれまで「広告」という領域で使ってきた力、例えば、社会文脈を把握しインサイトをつかむ力、複雑で曖昧な状況から課題を抽出する力、それらをアイデアにし社会に定着させる力。その力をもっと「広い領域」に、かつ、もっと「深いレイヤー」から使っていくことが求められています。そのためには、広告クリエイターは、ビジネスや経営、その産業のことなどを、深く理解することが求められる仕事になるのだろうと思います。

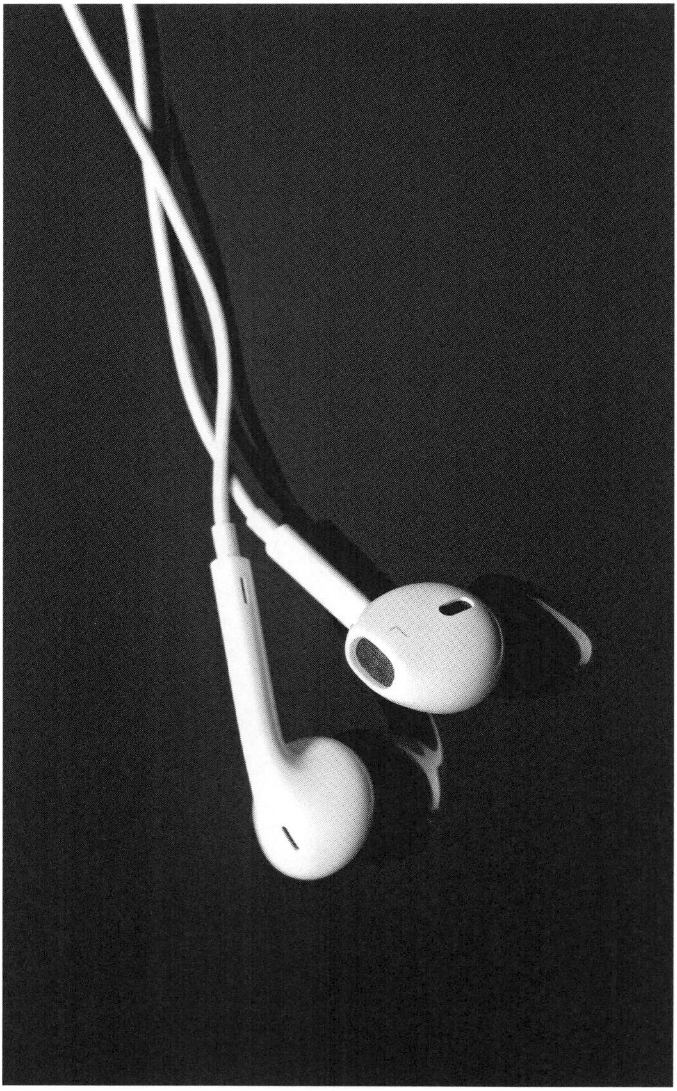

なぜAppleはイヤフォンを白くしたのか。

2001年にiPodが登場しました。「白いイヤフォン」が象徴的で、高校生の自分もとても惹かれたことを思い出します。この仕事をするようになってから「Appleがイヤフォンを白くしたこと」は画期的なことだったのだと痛感しています。iPod以前、ほとんどの付属イヤフォンは黒系統でした。その慣習を逸脱し、Appleは「白」にこだわり続けています。結果、電車の中でも、「あの人はiPodを使っているんだ」ということがわかるようになりました。「ポータブルプレイヤー」はポケットに入れているので普通は使用ブランドがわからないものです。iPodはイヤフォンを通じて、ユーザーをメディアに変えてしまいました。僕も電車でそれを見てうらやましく思い、購入したことを覚えています。当たり前に従わず、「白」という色にこだわる、というクリエイティブディレクションをした人を(誰だかはもちろん知らないのですが)今もとても尊敬しています。

Photo: Tap Magazine / getty images

どうして家電売場は「同じようなもの」ばかりが並ぶのか。

今、家電売場は「コモディティ化」の象徴になっているような気がしています。ぱっと見ただけでは、どの企業・どのブランドかもわからない、没個性の中で争いが行われているように見えます。目に入るのは「安売り」を表現する「黄色紙に赤文字」ばかりです。様々な事情などを考慮しながらもつくられたものだと思うのですが、とても「異様な光景」として映ります。過去に、あるメーカーの方とこういった議論をしたことがあります。「もっとオリジナルなデザインのものはつくれないものか」と伺ったら、「ユーザーはスペックで選びますから」と言われました。しかし、デザインの違いも色の違いもあまりないのであれば、結果として「ユーザーはスペックで選ぶ」しかありません。開発における様々な事情、数多の制約があるのだと想像しますが、オリジナリティやアイデンティティの確立といったことを、家電に限らず、追求していければ、社会にもっと彩りが増えていくのではないかと感じています。

“私は、千利休を、世界最初のクリエイティブディレクターだと考えています。というのも、千利休という人は、歴史上はじめての「ディレクションはするけど、クラフトはしない人」だったからです。”

『世界のエリートはなぜ「美意識」を鍛えるのか? 経営における「アート」と「サイエンス」』山口周著(光文社, 2017年)

信長・秀吉の横に「利久」がいた意味。

近年、よく耳にすることですが「信長・秀吉の横に利久がいた」ことには、やはり大きな意味があったのだろうと思います。16歳で茶の道に入り、「茶聖」とも呼ばれていた利久。信長や秀吉といった日本を統治するリーダーのすぐ横に、利久のような文化人がいたとことは、とてもユニークで象徴的な話です。利久は、信長や秀吉に「美意識」や「哲学」をインストールし、国を「文化的」に統治することに貢献し、より強固な国をつくったのだと想像します。「社長の横に、アートディレクターを。」というコピーの考えのように「国のリーダーの横にもクリエイティブディレクターを。」という考えも必要なのだと思います。これを書いている2021年2月、日本の政治は大きく混乱しており、日々の情報発信や施策を見ていても、「ここに優秀なCDがいたら」と思わずにはいられません。国の政治や、地方自治など、様々な組織に「クリエティブディレクター」が配置されたら、社会はもっと面白く、鮮やかになるだろうと想像しています。

コラム⑤

「説明」の伝言ゲーム。

いきなり愚痴のようになってしまうのですが、僕は「説明」というものをできる限り排除したいと考えています。もちろんプレゼンはするし、できる限り丁寧に伝えるようには努力します。しかし今のビジネス社会は「説明」があまりに多い気がするのです。そしてその多くは、「個人の問題」ではなく、「組織構造の問題」だと考えています。

例えば、現場の担当がいて、部長がいて、役員がいます。他にも組織は「縦割り」になっていて、様々な部署があります。そこを横断する場合はまたたくさんの説明が必要です。

僕はよく、「説明するために企画書をつくって欲しい」と言われることがあります。一緒につくっている「当事者」であればいくらでも説明をするし、話し合います。一緒につくっていくことには何ら躊躇がありません。しかし、その「上の人」に説明するための資料をつくるぐらいなら、その人と直接話をさせてほしい。

説明の伝言ゲームは本当に難しいからです。何より「温度感」が伝わりません。いくつもの階層を上がってひっくり返ってまた上げて。そんな仕事をたくさんしてきました。「伝言ゲーム」は間違いなく、無駄があるし、そして齟齬が生まれ余計なトラブルの種にもなりがちです。さらにこの仕事(広告やデザイン制作)は、無形のものでありイメージを共有すること自体がとても難しいものです。

また、クリエイションによる感覚的なものは説明できないことも多く、「説明するために排除されがち」です。説明できるものばかりが世の中に溢れ、結果として「意味のないもの」が増えているのだと考えています。本当にただの愚痴コラムのようになってしまいましたが、とても切実な問題なので書きました。

僕はできる限り「説明のいらない社会」を追いかけていこうと思うのです。最後に、村上春樹の『1Q84』に出てくる大好きな名言を置いておきます。「説明しなくてはそれがわからんというのは、つまり、どれだけ説明してもわからんということだ。」

第八章

広告界のパーパス

クライアントの「パーパス」を考え、サポートする仕事をしているにもかかわらず「広告業界」自身のパーパスが欠如しているような気がしてなりません。今、広告は嫌われ者であり、広告業界は悪者にすらなってしまっています。広告業界の存在意義に関してはもっと問い続ける必要性があると感じています。しかし、何度も書いてきたように、広告が培ってきた思考や技術、文化には大きな価値があり、意味もあります。それを導いていけるパーパスが自分たちにも必要なのだと切実に感じています。

“「マーガリンの広告コピーを作った。実際のところ悪くないコピーだった。評判も良かった。でも君はこの何年かマーガリンを食べたことなんてあるのか？」

「ないよ。マーガリンは嫌いなんだ」

「俺もないよ。結局そういうことさ。少なくとも昔の俺たちはきちんと自信の持てる仕事をして、それが誇りでもあったんだ。それが今はない。実体のないことばをただまきちらしているだけさ」”

『羊をめぐる冒険』村上春樹著（講談社）

広告界にパーパスはあるのか。この業界はミーニングフルか。

広告界で「パーパス」という言葉を聞くようになり、ずいぶん経ちました。しかし「広告界のパーパスはどこにあるだろうか」という疑問がずっと頭の中を巡っています。そもそも広告は「嫌われ者」でした。テレビでコンテンツの合間に強制的に見せられ、スキップされる対象です。さらに言えば、人のコンプレックスを刺激し、購買させる醜悪なものにすらなり得るものです。それなのになぜこの業界はこんなにも忙しいのだろうか。優秀な人々が関わり、叡智を結集し、喧々諤々議論をしてつくり上げるものがほとんど意味をなさない、そんなケースもたくさんあります。それら全てを否定する気はもちろんありません。ものすごく意味のある素敵なCMだってたくさんあります。ただ、産業全体としては、根本的に変わらなくてはいけない部分が多くあるように思うのです。広告業界自体が「ミーニングフルな産業」になれるかどうか。広告という仕事に携わるそれぞれが、本気で問い続け、もっと議論する必要があるように思います。

TVCMを放映するときの予算イメージ(あくまで例です)

○CM制作費(30秒/2タイプ)	5000万円
○タレント契約料(1名)	5000万円×2名
○CMメディア費	2億円
○その他プロモーション費	5000万円

「2000万円じゃ、大したものつくれない」

新卒で入社して間もない頃、「2000万円じゃ、大したCMつくれないよ」と、ある先輩クリエイターが発した言葉に驚愕したことを今も覚えています。確かにCMはクラフトの世界であり、とてつもない労力がかかります。何ヶ月もかけて企画し、時にはチームみんなで徹夜をし、情熱と英知と労力を結集してつくり上げていきます。しかしながら、つくるだけでは見てもらえず、世の中にリーチするために「マスメディア」に費用を投下していきます。その金額は、数億円から数十億円にのぼることもあります。それだけかけても広告の数が多すぎることもあり、その「ほとんど」が誰の記憶にも残らず消えていきます。屍の山を乗り越えて話題になったとしても一週間もすれば「何の商品だっけ?」となるのが関の山です。CM制作において「2000万円じゃ、大したものつくれない」は、ある意味において事実なのだと痛感しました。

“いまとなっては、ほとんどの産業では供給が需要をはるかに上回っていて、それゆえ、いまや需要が人工的につくりだされるのです。わたしの仕事は、需要を捏造し、そして商品の効能を誇張してその需要にうってつけであるようみせることです。実際、それこそが、広告産業になんらかのかたちでかかわるすべての人間の仕事なのだといえるでしょう。商品を売るためには、なによりもまず、ひとを欺き、その商品を必要としていると錯覚させなければならない。もしも、そんなことにわれわれが携わっているのだとすれば、こうした仕事がブルシットでないとはとてもいえませんよね。”

『ブルシット・ジョブ——クソどうでもいい仕事の理論』デヴィッド・グレーバー著（岩波書店, 2020年）

2000万円で何ができただろうか。

『ブルシット・ジョブ』の中でも広告という仕事は「ブルシット=クソどうでもいい」のひとつだと言われています。上記の言葉のように、誇張したりしながら無理にでも人々の欲望を喚起するような仕事だとしたらそう言われても仕方がありません。今でも、あの時の打合せを思い出し、「2000万円があったら何ができただろうか」と考えます。貧しい国に寄付をして誰かの命を救えたかもしれない。ホームレスのサポートができたかもしれない。環境問題のベンチャー企業に投資ができたかもしれない。自動車メーカーなら車イスを寄付することができたかもしれない。飲料メーカーなら熱中症対策ができたかもしれない。ペットフードメーカーなら殺処分の問題に取り組めたかもしれない。そんなことは「広告の仕事じゃない」と言う人もいるかもしれません。でも、広告という仕事が、「社会のため」にもなり、きちんと「企業のため」にもなる。そういう「接地点」が必ずあるだろうと思うのです。

as ads

as advertisement

PRODUCT as ads　JOURNALISM as ads

PRESENT as ads　ACTIVISM as ads

PROJECT as ads　BEHAVIOR as ads

ここまで繰り返したきたことをまとめて、「as ads=advertisement」という考えを提案したいと思います。それはつまり「広告としての○○○」という意味合いであり、広告が別のものに姿を変え、別の概念にインストールされていくことを表現しています。そのような広告が向かう「変化の先」を六つに分類してみました。

PRODUCT as ads

広告は、「広告的技術」をインストールした「プロダクト」へ。

広告的思考と技術、エッセンスをもっと「プロダクトそのものにインストールしていく」ことを目指す思考です。別の言い方をすると、「広告」と「プロダクト」の距離を近づける、ということでもあります。これまで切り分けていた「商品開発」と「宣伝」というような概念ではなく、広告コミュニケーションのコストを、プロダクトの生産時に活用していくようなことです。

例えば、2020年に「ジョンソン・エンド・ジョンソン」は多様な人種の肌の色に合わせたバンドエイドを初めて発売しました。Black Lives Matter(BLM)へのアクションであり、売上の一部を寄付することにもつなげています。「遅すぎる」という多くの批判も受けていましたが、ある黒人の男性が「(嬉しくて)涙を堪えている」という声をSNSに投稿したり、ポジティブな意見を中心に世界中へと拡散しました。

例えば、「採用広告」のために数千万円を使うくらいであれば、社員の給料を1円でもあげたり、オリジナリティのある福利厚生を考えることに試行錯誤したほうが、より効果的でサスティナブルな「採用」につながるはずです。

プロダクトやサービスそのものに「広告的エッセンス」をインストールし、そのもの自体が話題になる。それが理想であることは間違いありません。しかし多くの企業では「商品開発」と「広告宣伝」などが、別の部署であることが多く、構造的な課題の一つだと考えています。

広告的技術、マーケティング技術を、もっと商品やサービスといった本業に付加していく。そういう思想による組織のあり方も考える必要がありそうです。

PRESENT as ads

広告は、生活者やファンが求める「プレゼント」へ。

“Presented by ~” という表記は昔から使われているものですが、個人的にはこの表記がとても好きなので、もっと広がればいいなと考えています。古き広告のような「メッセージの押し付け」ではなく、生活者やファンが求めるものを追求し「プレゼントしていく」というアクションです。Red Bullがマイナースポーツ/アスリートを支援していたように、スポーツでも映画でも小説でもアニメでも音楽でも、それぞれのブランドと接地できるカルチャーやコミュニティを応援し、貢献することで、その人たちとの関係性を築いていくことができるはずです。

寄付のような構造もその一つかもしれません。おそらく今後、売上の一部を環境保全や関わっている人たちに還元していくような仕組みが、より拡がっていくだろうと想像します。そしてユーザーは「自分が買いたいもの」、かつ「自分が貢献したいコミュニティ」を選んで購買していく、そんな流れが生まれるだろうと思います。

そういった、人々の拠り所となる文化コミュニティに企業が参加させてもらい、支援をすることで、ファンとのつながりを生み出していく。広告がそういった「文化コミュニティに貢献」することで、「生活者へのプレゼント」になっていけば、様々なカルチャーが活気づき、より社会に貢献できる仕事になるだろうと思います。

PROJECT
as ads

広告は、短期的ではない、実態を伴う「プロジェクト」へ。

広告というのは基本的には「短期的」かつ「フロー型」のものです。出稿期間が終わってしまえば、もうほとんど目にする機会はありません。しかし多くの社会課題は、(当たり前ですが)短期的なメッセージ発信やPR施策だけでは解決し得ません。より継続的で、より実際的な「プロジェクト」に落とし込む必要があります。

先述の「マース インコーポレイテッド」による動物保護の取組みのような、長期的でかつサスティナブルな「プロジェクト」にしていく必要があります。Appleは2021年1月に1億ドルを投資する「人種的公平性と正義のためのイニシアチブ」（REJI）の一環として、人種差別に立ち向かうためのプロジェクトを発表しました。黒人および黒人系起業家のためのベンチャーキャピタルへの資金提供などが含まれます。

日本でも、ユニ・チャームが行っていた「#NoBagForMe」は一過性の広告ではなく、長期的なプロジェクトを通じて、生理に悩む女性がより暮らしやすい社会に挑戦するものであり、とても強い存在感を放っていました。

その他の企業でも様々な社会的プロジェクトに取り組んでいるはずなのですが、その啓蒙やコミュニケーションがあまりうまくなく、もったいないと感じることも多くあります。

この「解決すべき課題」に溢れている社会で、ブランドと接点を見つけ、それらの解決に実態として取り組む「プロジェクト」にしていくこと。そしてそれをきちんとコミュニケートし、同じ課題に取り組む人たちとのつながりをつくること。あらゆるブランドに、そういう姿勢が求められていくのだろうと思います。

JOURNALISM

as ads

広告は、社会課題を顕在化させる「ジャーナリズム」へ。

2020年11月に、ナイキジャパンがSNS等で公開したあるブランドムービーが話題を呼びました。日本に存在している「人種差別やいじめを明確に描いた」この映像は、多くの人からの称賛を呼びつつも、一部からの「強い批判」がありました。しかし、その集まった「批判」こそが差別の存在をより明確にしています。(ぜひSNSの投稿を見てください)

このCMは、日本社会に投じられた「ジャーナリズム」でした。NIKEは以前からスポーツを通じて「ジャーナリズム」に取り組んできた企業です。前述のコリン・キャパニック選手の起用やマリア・シャラポワ選手を起用した「I FEEL PRETTY(2007)」もフェミズムに関する「ジャーナリズム」だったと考えています。

「ブランドジャーナリズム」は、ブランドとしての「思想」を基点にした、より良い社会を実現するための広告コミュニケーションだと言えます。その思想に共感するファンとのつながりを強固にする反面、「否」をもって広がっていくものであり、「誰か」を敵に回すかもしれないリスクを背負いつつも、社会を「批評」する意志と姿勢が求められます。広告の仕事において「一人も敵をつくりたくない」と言われることはよくあります。その気持ちはわかるし、敵は少ない方がいいに決まっています(僕もそうです)。しかし、時に「こういう社会であってほしい」という強い意志を、社会に投じることでしか前に進めないこともあります。

ブランドが持つ意志やスタンスを明確にし、より良い社会に貢献するべく一石を投じる。波紋となって広がり、同調するファンに届いていく。そんなブラドジャーナリズムも、広告の新しい形になっていくだろうと想像しています。

“ジャーナリズムは権力を監視し、社会正義を実現することで、自由と民主主義を守り発展させ、最大多数の最大幸福を追求する。人権擁護はもちろんのこと、自然環境の保護も、人間性を豊かにする文化の育成も、ジャーナリズムに期待される機能である。”

『ジャーナリズムの可能性』原寿雄著（岩波書店, 2009年）

権力を監視し、課題を顕在化し、文化を育成する。

ここでいう「ジャーナリズム」は、ジャーナリストの原寿雄さんの『ジャーナリズムの可能性』の一文(上記)を参考にしています。「パーパス」という言葉よりも、「社会課題を顕在化しマイノリティを守る」ことや、「権力・権威と戦う」ことの意味合いがより強いものです。通常の「ジャーナリズム」はメディアや個人(ジャーナリスト)が行うものですが、それを企業や組織やブランドとして行う試みを「ブランドジャーナリズム」と名付けました。フィアレスガールが銅像を一つ置いただけだったように、静かな水面に石を投げて生まれる波紋のように、自然と広がっていきます。もちろんそれは簡単なことではなく、ブランドとしての明確な「意志」や高い「視座」が不可欠になります。社会の複雑な「文脈」を汲み取り、またその流れを後押ししていくものです。個人的には、そういうコミュニケーションが増え、ブランドや広告と、社会がもっと結びついていく未来を期待しています。

ACTIVISM as ads

広告は、メッセージだけでない、「アクティビズム(行動主義)」へ。

パタゴニアのWEBサイトには「アクティビズム」というページがあります。そこにはパタゴニアの様々な活動が掲載されており、その本気の取組みの多さに驚かされます。“原油掘削と闘う若者の支援から、大統領を相手取っての訴訟まで、私たちは世界が直面する最も差し迫った環境問題に対して行動を起こします。” https://www.patagonia.jp/activism/

何度も書いてきた通り、社会的なコミュニケーションが「口だけ」になってしまっては意味がなく、「行動」が不可欠です。もしくはメッセージから始めたとしても、きちんと「実態に落とし込む努力」が不可欠です。

ケリングがエマ・ワトソンを役員として招き入れたように、Appleが1億ドルを人種的公平性に投資すると決断したように。BLMに声をあげるだけでなく、まずはアフリカン・アメリカンを雇用することや、「ジェンダー平等」を謳うのであれば、まずは自社のジェンダー平等から取り組むこと、そういう「行動」がより求められていきます。

同時に、「真摯な行動こそが一番の広告」となり得る時代です。日本の7兆円の広告費を社会をより良くする「行動」に使うことができたら。少なからず、社会に良い効果を及ぼすはずです。「広告よりも行動を。」このフレーズは広告業界にいるみんなが心に留めておくべき、大切な言葉です。

BEHAVIOR as ads

広告は、日常的な姿勢と行動をつくる「ビヘイビア」へ。

「ブランドビヘイビア」というような概念が重要になっていると感じます。ビヘイビアはあまり馴染みのない言葉ですが「ふるまい。行動。また、態度、言動、行儀。」というような言葉が辞書に並びます。思想と言動が一致している状態をつくることだと考えています。

「言葉や思想だけではなく、突発的な一回きりの行動ではなく、意志に基づいた行動、態度、言動の積み重ねが、ブランドをブランドにしていく」そういう考え方です。ビジョンだけじゃ足りない。言葉だけじゃ足りない。単発のアクションだけでも足りません。

意志や思想や倫理観を軸にした、継続的な日々の行動、態度、言動の一致。それを短期的なものではなく、長期的なものとして行っていく。その積み重ねだけが強いブランドをつくっていく、それが「ブランドビヘイビア」という概念だと考えています。

そのためには、広告のオリエンを受けてから広告をつくる、というような、単発的な依頼を受ける状態では難しいだろうと思います。経営者やブランドマネージャーの隣に立ち、日常的により「意味のある行動」を提案すること、「意味のない行動を抑止する」こと、それがこれからのクリエイティブディレクターの仕事になっていくだろうと思うのです。

“日々、「あなたは革命のどちら側につくのですか？」という疑問を突きつけられているような気持ちで生きている。”

『Weの市民革命』佐久間裕美子著（朝日出版社，2020年）

より良い未来をつくる革命を後押しする仕事へ。

「社会的意味のある仕事を追求しよう」と考えるクリエイター/マーケターがまだまだ少ない気がしてなりません。パーパスドリブンにシフトした「カンヌライオンズ」に関しても「つまらなくなった」という声もよく耳にします。日本の広告は、テレビCMなどを中心に「エンターテイメントを通じてプロダクトを啓蒙する」という手法が一般的でした。それ自体は否定されるものではありません(海外にだってたくさんあるでしょう)。しかし、広告に携わるすべての人に、『Weの市民革命』をぜひ読んでみてほしいと思います。あらゆる場所で日々起きている革命の、どちら側につくか。変えるほうにつくのか。止めるほうにつくのか。無関係でい続けるのか。でも、もう誰も無関係ではいられないように思います。とくに広告という「消費」や「暮らし」と密接に結びつく、この仕事ならなおさらです。おそらく「社会的意味の追求」という潮流はもう止まることはありません。CSR、CSV、ESG、SDG、ソーシャルグッド。名前は変わろうとも、その試みはもう消えることはありません。広告に携わる人こそ日々問い続けてほしいと思います。「あなたは革命のどちら側につくのですか?」

“世界は美意識で競い合ってこそ豊かになる。”

『日本のデザイン——美意識がつくる未来』原研哉著（岩波書店, 2011年）

「意志」と「美意識」こそがより良い世界をつくる「資源」になる。

「世界は美意識で競い合ってこそ豊かになる。」日本デザインセンター代表・原研哉さんの『日本のデザイン』の中に登場する言葉です。この一文は、僕がこの一冊通して書きたかったことを一言に集約してくれているものだと感じています。もちろん、この「美意識」という言葉は、表面的な美しさを求めるだけでなく、内面的、かつ本質的な意味を含んでいるものです。広い視野、高い視座、深い思考。Evilにならない倫理観。より良い世界、より良い未来を希求する欲望。ここで言う「美意識」はそういった概念の総称です。美意識で競い合い、高め合うことができたら、間違いなくこの世界は良い方向へ向かいます。「意志」と「美意識」、この二つこそがこれからの世界をより良いものにしていく資源になる。この本で書きたかったことは、そんな言葉に集約されます。

おわりに

というわけで、ここから「横開き」に戻ります。本の向きを変えて楽しんでもらえたら幸いです。

あとがき

お詫びをふくむ長いあとがき

お詫び

正直に白状すると、ここまで書き進めてきて、いくつかの苦悩が拭えずにいました。一つは、本を書くことに不慣れすぎて「ああもっと整理できたら」「ああもっと気の利いた表現ができたら」「ああもっと伝えるべきことがあるのに」という申し訳なさです。これはとてもシンプルに自分自身の力不足であり、とても反省しています。

言い訳を重ねると、コピーライターという仕事は「長文を書く」ことが割と少ない仕事です。「言葉を基点に」してアイデアを考え、定着させる仕事であり、実態としては「コンセプトライター」のようなものだと捉えています。

このような「本を書く」ライターさんとは、同じ「言葉を書く」仕事と言えど、まったく別の能力であることを、改めて実感した次第です。さらに今回、専門のライターさんを立てずに「自分で書く」という選択をしたのですが、こんなにも大変なことだとは思わず、自分の浅はかさを悔やむと同時に、世に出ているすべての本に畏敬の念を抱いています。みんな、ほんとうにすごい……。

うまく書ききれなかったこと、表現しきれなかったことなどは、改めてWEBなどでアップデートしていきたいと考えています。

お詫び②

もう一つの大きな苦悩は、この本でずっと書いてきたような「理想」を、自分自身がまだほとんど達成できていないという葛藤です。冒頭に書いた通り、僕は学者でも先生でもなければ、偉大なクリエイティブディレクターというわけでもありません。散々語ってきた、「高貴な精神」も「高い視座」も「優れた美意識」も、まだまだ体現できているわけでもありません。

今日も多くの資源を消費する「東京という都市」で過ごし、タクシーに乗り、コンビニを利用し、iMacでこの本を書いています。ペットボトルやプラスチック製品を買い、衣類を買い、たくさんのゴミを排出しています。

この本は「Amazonで売らない」という選択をしましたが、普段の生活ではAmazonもUberも使います。どこでどのようにつくられたかもわからないお菓子や食材を口にしながら、「この仕事は倫理的に正しいのだろうか」という自問自答する日々が続きます。

言うは易く行うは難し。今までの暮らしを変えるのは、簡単なことではありません。それでもこの本を書こうと思い立ったのは、なかなか変わりそうもない広告業界へ問題提起をしたかったことと、なかなか変わることのできない自分自身を変えるべく、鼓舞するためでもあります。

何度も繰り返していますが、この業界も変わらないといけないタイミングに来ています。資本主義や経済成長の社会において、広告という存在の影響力はとても大きなものだったと思います。しかし今や終わりを迎えつつあるビジネスの延命装置、ブルシットジョブの典型例、広告業界はそんな風に言われています。7兆円と言われる巨大な広告産業が「より良い未来を追求する仕事」になったら、少なからずこの社会はよくなるはずです。ましてや「より良い未来を映し出す」広告にできることは、必ずあるはずです。

広告という仕事を、少しでも、より良い仕事に導くことはできないか。おこがましくも無謀な希望を持ちながら、ここまで書き進めてきました。なのでこの本の発売を機に、僕自身は古き広告の仕事をすべて辞めようと考えています。

『戦争広告代理店』を読んで

もともと、僕が広告業界を志したのは、学生の頃に『戦争広告代理店(高木徹著)』を読んだことがきっかけでした。

ある紛争の多い地域では、国ごとに広告代理店が担当しており、「PR戦略」が勝敗を左右することがある、ということを追いかけたドキュメンタリーです。「世界の世論を味方につける」ことが戦況を大きく動かすため、「言葉ひとつ」で戦況をひっくり返してしまった事例などが紹介されていました。

学生だった自分は、「なるほど、広告コミュニケーションという仕事は、こんな力や可能性を秘めているのか」と心を躍らせました。もしかしたら、その力を「戦争の勝敗」などではなく、「世界平和」のためにだって使えるのではないか。そんな青臭い希望を抱いたことを覚えています。

そんな「理想」を胸に、広告業界に入ったわけですが、仕事におけるギャップは確かに存在したものの、広告にまつわる思想や技術そのものは全く期待を裏切るものではなく、今もとても大きな可能性と希望を抱いています。

課題がある限り、この仕事は終わらない

広告はいつの時代も「人々のより良い生活を描く」ことを目指してきました。これまでの時代における「より良い生活」は、「物質的豊かさ」だったのだと思います。「あなたの人生にはこれが必要だ」「これがあればあなたの暮らしはこんなに豊かになる」、そんな風に人々の「欲望」を喚起して、「購買」を促すような仕事でした。

しかしこれから先の「より良い生活」とは、一つでも多くの「社会課題を解決した社会」であり、より「人にとって生きるに値する“意味のある”社会」です。「ただものが売れればいい」という倫理観のない仕事からは脱却しなければなりません。「どうやら地球は有限である」という事実に、本気で向き合うタイミングにきています。

この本を書いている2021年2月、まだまだ課題は山積みです。肌で感じるようになった気候変動や異常気象。夏の猛暑や大雨、台風による被災。新型コロナウイルスで疲弊している人々も多い中、日本の政治は迷走しています。ただでさえ開催できるか不透明なオリンピック・パラリンピックを直前に、トップたちのありえない倫理観が露呈しています。様々なところに差別があり、分断が存在します。SNSではいつも誰かが何かに声をあげ、この社会の不条理を叫んでいます。

私たちの生きるこの社会で、そのような課題が尽きることはきっとありません。

しかしそのような「解くべき課題」がある限り、この仕事は続いていきます。フィアレスガールがそれを体現したように、まだ顕在化していない課題や、マイノリティの声を届けることができる、可能性を秘めた仕事です。

しかしながら、そのような発想をする人はまだまだ多くはない印象です。広告に携わる人たちは、自分たちの仕事や能力を、ある意味では過小評価していると(とても個人的に)感じています。

今、「嫌われ者の広告」から、「愛される広告」へと変わる、岐路に私たちは立っています。「壊す」ことから、「守る」仕事へ。「システム主導」から「人間主導」へ。そのゲームチェンジができれば、きっと10年後、広告という仕事の見え方は変わっているはずです。

広告業界で働く人たちへ

高度経済成長の時代から「広告業界」は持て囃されすぎだったように思います。広告代理店という仕事は「花形の仕事」とされ、一般的に言えば給料の高い仕事です。しかし同時に、「古きビジネスの象徴」のようにも描かれます。懸命に仕事をしていても、「裏に広告代理店がいる」ことが揶揄され、ネガティブに語られてしまう世の中です。そろそろ、そんなイメージも、実態も、変えなくてはいけないと強く思います。

「そんなことはない。社会に対して真摯な仕事をし、より良い未来に貢献している」、そんな風に心から言える人がどれだけいるでしょうか。少なくとも、僕は全くそう思えないし、僕が見てきた広告業界には、そのような人はほとんどいませんでした。

広告という仕事は、希望の仕事であってほしいと願います。そのためにもまず、広告代理店の中で働く人たちから変わる必要があります。自分たちの仕事の意義を、自分たちにしかできない仕事を、自問自答していく必要があるのだと思います。

人々の暮らしに密接に関わる「消費」や「市場」と距離の近い仕事であり、広告における社会的責任はとても大きなものです。「商品を売る」「売上/利益を出す」「KPIを達成する」それはとても大切なことです。しかしながら、仮に「それだけ」が目的となるのであれば、それこそ「意味」はありません。

本当にその商品は売るべきものか。そのサービスは本当に社会をよくしているのか。そのコミュニケーションは社会を一歩前に進めるものか。この先、そういう思想や姿勢や美意識が、求められていく仕事に必ずなっていきます。

広告に興味のある若い人たちへ

どうか、この仕事に希望を持っていてほしいと思います。アイデアを考えて、課題を解決する。それはシンプルにとても楽しい仕事です。アイデアが「今よりも良い未来を生み出す試み」だとしたら、楽しくないわけがありません。

そしてこの先は、きっともっと面白く、かつ「意義のある」仕事になっていくはずです。なぜなら「社会課題の解決」こそが、これからの「ビジネスの主戦場」になっていくからです。その新しいフィールドではきっと、広告という世界で培われてきた思想や技術やカルチャーが、より活かされていくことになります。

僕らやより上の世代と比べ、みなさんの世代は、より未来に対する危機感、より正しい倫理観を持っている世代です。みなさんの世代から、社会の変化は加速していくだろうと想像しています。それはもちろん、より良い方向への変化です。

だからこそ、どんどん声をあげてほしいと思います。想像力の欠如した仕事、人間性を排除したルール、未来のことをおざなりに現在の得だけを追求するシステム、そんなものたちを壊していってほしいと思うのです。

「広告がなくなる日」について改めて

「広告がなくなる日」というネガティブに思えるタイトルですが、これは「古き悪しき広告」がなくなり「新しい広告」に生まれ変わることの希望として名付けたものです。

それは、多大な労力やコストを投資をしても誰の目にもとまらない「広告」がなくなる日です。ただただ「商品が売れればいい」という倫理と意志の欠如した「広告」がなくなる日です。過去の成功事例から抜け出さず挑戦のない惰性の「広告」がなくなる日です。

それは同時に、社会的な「意味」を追求することで、人々とつながる「広告」で溢れる日です。アイデアとクリエイションを追求し、予算の多寡に限らず効果を生む「広告」で溢れる日です。そして、広告という仕事が今よりもっと愛され、認められ、憧れられる仕事になる、そんな「広告」で溢れる日です。その新しい広告たちは、古い目を通して見ると、「広告にみえない」ものかもしれません。

このタイトルには、そんな思いを込めています。

本当のさいごに。

「社会なんてどうせ変わらない」と言う人がいます。そんなことはありません。それこそ、歴史が証明してきています。かつて女性の参政権はなく、銀行口座すらつくれない時代がありました。近頃、炎上と呼ばれるような事象が増えていますが、それらは「後退」などではありません。以前なら「話題にすらならなかった問題」がきちんと話題になるようになった「前進した社会」です。勇気をもって声をあげてきた人たちの力で、前に進んできた結果です。

「それがルールだから」で立ち止まっていたら、新しいルールなんて生まれません。「常識」だって常に変わり続けてきました。100年前の「普通」と、この令和の「普通」はまったく違います。より良い未来を模索し、希求し続けることで、新しい未来が生まれていく。その繰り返しでした。いつだって、私たちは過渡期を歩んでいます。

少しずつかもしれないけれど、私たちは前へ、前へと進んでいる。僕はその流れを心から肯定します。自分たちの時代に、どこまで前へと進めるだろうか。どれくらい未来へたどり着けるだろうか。そういうことにとても興味があります。同時に、その人々の歩みに、少しでも貢献したいと願います。

紛れもなく、間違いなく、私たちは今日も、変化と革命の中にいます。無関係の人なんてどこにもいない。まして、この本をここまで読んでくれている、あなたならなおさらです。一人で変えられることは少ないけれど、一人ずつ変わるしかないこともまた事実です。

焚き火を囲んでいたような太古から、人類は幸せを希求し、紡いできたのだと信じています。そんな希望の火を、次の世代へと絶やさずにつないでいきたい。10年後、50年後、100年後に振り返った時に、「令和っていう時代から社会はとてもよくなったんだ」と言われるような、そんな軌跡を歩んでいきたい。この本を読んでくださっているみなさんと一緒に。確かな意志を携えて。より良い未来を信じながら。

株式会社DE
牧野圭太

「広告がなくなる日」特設サイト
https://thedaywhenadsaregone.com

〈参考文献・引用文献〉

村上春樹
『羊をめぐる冒険（上）（下）』（講談社、講談社文庫、2004年）

レイモンド・チャンドラー
『ロング・グッドバイ』
（村上春樹翻訳、早川書房、ハヤカワ・ミステリ文庫、2010年）

佐久間裕美子
『Weの市民革命』（朝日出版社、2020年）

斎藤幸平
『人新世の「資本論」』（集英社、集英社新書、2020年）

山口 周
『ビジネスの未来 エコノミーにヒューマニティを取り戻す』
（プレジデント社、2020年）

『世界のエリートはなぜ「美意識」を鍛えるのか？
経営における「アート」と「サイエンス」』（光文社、光文社新書、2017年）

古川裕也
『すべての仕事はクリエイティブディレクションである。』
（宣伝会議、2015年）

原 研哉
『日本のデザイン――美意識がつくる未来』
（岩波書店、岩波新書、2011年）

原 寿雄
『ジャーナリズムの可能性』（岩波書店、岩波新書、2009年）

細田高広
『未来は言葉でつくられる 突破する1行の戦略』（ダイヤモンド社、2013年）

ジム・ステンゲル
『本当のブランド理念について語ろう「志の高さ」を成長に変えた世界のトップ企業50』（池村千秋翻訳、CCCメディアハウス、2013年）

デヴィッド・グレーバー
『ブルシット・ジョブ――クソどうでもいい仕事の理論』
（酒井隆史・芳賀達彦・森田和樹翻訳、岩波書店、2020年）

飯髙悠太
『僕らはSNSでモノを買う』（ディスカヴァー・トゥエンティワン、2019年）

【著者略歴】
牧野圭太（まきの・けいた）

DE Inc. Co-CEO
1984年生まれ。早稲田大学理工学部卒業。東京大学大学院情報理工学系研究科修了。2009年博報堂入社、コピーライターに配属。HAKUHODO THE DAYを経て、2015年独立し、株式会社文鳥社設立。1作品最大16ページという「文鳥文庫」を制作。2016年カラス設立、代表取締役就任。2017年エードット取締役、2019年取締役副社長就任。「Oisix」と「クレヨンしんちゃん」のコラボレーション広告、旬八青果店立ち上げのほか、話題性のある広告やプロモーションを手掛ける。2020年末にエードット副社長を退任。DEを共同創業。

広《こう》告《こく》がなくなる日《ひ》

2021年4月1日初版発行

発行　**株式会社クロスメディア・パブリッシング**

発行者　小早川 幸一郎

〒151-0051　東京都渋谷区千駄ヶ谷 4-20-3 東栄神宮外苑ビル

https://www.cm-publishing.co.jp

■本の内容に関するお問い合わせ先 …………………… TEL (03)5413-3140 ／ FAX (03)5413-3141

発売　**株式会社インプレス**

〒101-0051　東京都千代田区神田神保町一丁目105番地

■乱丁本・落丁本などのお問い合わせ先 ……………… TEL (03)6837-5016 ／ FAX (03)6837-5023

service@impress.co.jp

（受付時間　10:00～12:00、13:00～17:00　土日・祝日を除く）

※古書店で購入されたものについてはお取り替えできません

■書店／販売店のご注文窓口

株式会社インプレス　受注センター …………………… TEL (048)449-8040 ／ FAX (048)449-8041

株式会社インプレス　出版営業部 ………………………………………… TEL (03)6837-4635

カバーデザイン　柴田賢蔵（DE Inc.）　本文デザイン　牧野圭太／中﨑誠矢（DE Inc.）

印刷・製本　中央精版印刷株式会社

ISBN 978-4-295-40391-3 C2034